Alois Kothgasser · Clemens Sedmak
Jedem Abschied wohnt ein Zauber inne

Alois Kothgasser
Clemens Sedmak

Jedem Abschied wohnt ein Zauber inne

Von der Kunst
des Loslassens

Tyrolia-Verlag · Innsbruck-Wien

Mitglied der Verlagsgruppe „engagement"

Bibliografische Information Der Deutschen Nationalbibliothek
Die Deutsche Nationalbibliothek verzeichnet diese Publikation in der Deutschen
Nationalbibliografie; detaillierte bibliografische Daten sind im Internet über
http://dnb.d-nb.de abrufbar.

2012
© Verlagsanstalt Tyrolia, Innsbruck
Umschlaggestaltung: graficde'sign pürstinger, Salzburg
Layout und digitale Gestaltung: Tyrolia-Verlag, Innsbruck
Druck und Bindung: CPI Moravia Books, Tschechien
ISBN 978-3-7022-3165-1
E-Mail: buchverlag@tyrolia.at
Internet: www.tyrolia-verlag.at

Inhalt

Einleitung 7

I. Loslassen 17
   1. Dinge loslassen 24
   2. Orte und Zeiten loslassen 34
   3. Gewohnheiten und Haltungen loslassen . 39
   4. Pläne und Überzeugungen loslassen ... 46
   5. Verantwortung und Aufgaben loslassen . 59
   6. Fähigkeiten und Gesundheit loslassen .. 69
   7. Schuld und Verbitterung loslassen 78
   8. Geliebte Menschen loslassen 84
   9. Das eigene Leben loslassen 98

II. Geschichten und Wege 105
   Petra Kuntner 106
   Alfred Delp 112
   Etty Hillesum 123
   Joseph Bernardin 129

III. Persönliche Erfahrungen 141
   Alois Kothgasser:
   Der Heimgang meiner Eltern 141
   Clemens Sedmak:
   Abschied von meinem Vater 145

IV. Trost, Hoffnung, Gottvertrauen 149

Literaturverzeichnis 179

Einleitung

Vom Abschiednehmen

„Auf Wiedersehen", sagen wir sehr oft und drücken damit die Hoffnung, ja in vielen Fällen auch die als selbstverständlich genommene Überzeugung aus, dass dieser Abschied nicht endgültig sein würde. Ganz anders klingt es, wenn wir „Leb wohl" sagen. Jeden Tag verabschieden wir uns von jemandem oder von etwas – wir verabschieden uns nach einem Besuch oder einer Begegnung, wir entsorgen Müll, wir legen am Abend den Tag in Gottes Hände zurück. Abschiede sind etwas Alltägliches, fast Banales. Und doch liegt in jedem Abschied eine leise, tiefe Erinnerung, die uns sagt: „Alles Vergängliche kommt an ein Ende." Es mag noch so schön sein, es mag noch so fest verankert sein, es mag uns noch so selbstverständlich begleitet haben – alles Vergängliche kommt zu einem Ende. Und an diesem Ende heißt es, Abschied zu nehmen, endgültig Abschied zu nehmen.

Dieses Buch handelt vom guten Abschied, vom gelingenden Abschied. Jeder Abschied ist eine Form des Loslassens. Und jeder Abschied lädt zu einem Neuanfang ein, schafft Raum für Neues, ermöglicht eine Neuorientierung. Aus diesem Grund handelt dieses Buch von der Kunst des Loslassens. Und es spricht im Titel den Umstand an, dass sich in einem Abschied etwas Geheimnisvolles auftut, das auch den Hauch einer Verheißung hat, das Beginnende und Keimende andeutet – und in diesem Sinne einen Zauber trägt.

Der französische Arzt David Servan-Schreiber verabschiedete sich von der Welt mit einem kleinen Büchlein *Man sagt sich mehr als einmal Lebewohl*. Er hatte zwanzig Jahre lang mit Krebs gelebt, ehe die Krankheit ihm keine Lebenschancen mehr ließ. Er war fünfzig Jahre alt und wollte den Menschen „Lebwohl!" sagen. Er erlebte seinen Abschied von der Welt als ein Einüben, sich „in Gottes Hand" zu wissen; er stützt sich auf Psalm 23 („Der Herr ist mein Hirte, nichts wird mir fehlen. Er lässt mich lagern auf grünen Auen und führt mich zum Ruheplatz am Wasser"); er lernt, die Hoffnung auf Heilung loszulassen und eine neue Hoffnung, die Hoffnung auf einen guten Tod, zu erwecken. Er beschreibt auch den Zauber, der in diesem Abschied liegt, in dem er Angelegenheiten ordnet, sich von Menschen verabschiedet, Verzeihung sucht. Er erlebt seine Situation, „als hätte eine sehr große Welle meinen Alltagstrott weggespült und mich auf ein tosendes Meer hinausgezogen". Alle, die vom sicheren Ufer aus ins Meer schwimmen gegangen sind, sich von den Wellen treiben ließen, wissen um diesen Zauber, den das Meer ausübt. David Servan-Schreiber beschreibt die Freude, die im Kontakt mit lieben Menschen liegt, erzählt von den kleinen Freuden im Alltag (die Katze streicheln, einen Film anschauen, lachen). Er nennt die Demut als eine ganz wichtige Begleiterin, wenn man Abschied nehmen, wenn man loslassen, wenn man mit einer Krankheit leben muss. Auch eine tiefe Traurigkeit gehört zum Abschiednehmen, gerade wenn man Kinder zurücklassen muss, im Falle von Servan-Schreiber auch einen zweijährigen Sohn und ein halbjähriges Mädchen. Im Nachwort zu diesem Buch schreibt Émile Servan-Schreiber, der Bruder des Autors, dass David uns ein Beispiel für einen gelungenen Tod gegeben habe: „Er starb friedlich, begleitet von der Musik der ‚Playlist', die er für die Stunde seines Todes zusammengestellt hatte. Beim zweiten Satz von Mozarts Klavierkonzert Nummer 23, gespielt von Daniel Barenboim, glitt er auf die andere Seite." Auch in diesen Worten liegt ein Zauber.

Dieses Buch handelt nicht nur vom Sterben; es gibt viele Einladungen zum Loslassen; das Freiwerden von Abhängigkeiten, das Loslassen von Anhänglichkeiten, wird in der geistlichen Tradition als wichtiger Weg zur Reife beschrieben. Wir sind eingeladen, unsere Ängste und unseren Neid, unser Getriebensein und unsere engen Vorstellungen loszulassen. Ein befreiter Mensch ist ein Mensch, der gelernt hat, loszulassen und dennoch echt und tief zu lieben. Wir wollen in diesem Buch auch Geschichten von Menschen vorstellen, die einen Weg des Loslassens gelebt haben. Die Beispiele sollen auch zeigen, welche Kraft darin liegt, wenn man loslassen kann. Der österreichische Philosoph Ludwig Wittgenstein hat in einem Manuskript einen Gewichtheber beschrieben, der unter der Last des Gewichts, das er stemmt, beinahe zusammenbricht. Wie befreiend kann es doch sein, wenn man diesem Extremsportler sagt: „Lass es los!" Wenn wir unsere Lebenslasten stemmen, unsere Sorgen wälzen, uns immer wieder fragen „Was wäre, wenn das eintreten würde?" – dann kann es ungeheuer befreiend sein, loszulassen. Zu eben diesem befreienden Loslassen hat Jesus uns aufgefordert: „Kommt alle zu mir, die ihr euch plagt und schwere Lasten zu tragen habt. Ich werde euch Ruhe verschaffen" (Mt 11,28). Diese Ruhe stellt sich ein, wenn wir auf gute Weise losgelassen haben. Wenn wir Dinge „sein" lassen können. Auch hier liegt ein Zauber des Abschieds.

Ein besonderer Zauber und eine besondere Kraft werden im guten Abschiednehmen von einem lieben Menschen den Hinterbliebenen zuteil. Der langjährige Weihbischof in der Erzdiözese Salzburg, Jakob Mayr, hat uns in seinem geistlichen Testament das hinterlassen, was den Menschen, den Priester, den Bischof Jakob Mayr zutiefst bewegte: „Auf mein Primizbild schrieb ich den Lobpreis: ‚Ehre sei dem Vater und dem Sohn und dem Heiligen Geist!' Mein Wahlspruch ‚Gott ist die Liebe' ist der tiefste Grund für den Lobpreis. Ich habe versucht, diesen Lobpreis durch mein Denken, Reden und Tun zu verwirklichen. Es ist oft nicht gelungen, aber trotz allen Versagens habe ich nicht aufgegeben, sondern immer wieder neu angefangen. Möge Gott dieses armselige Bemühen annehmen! Ich bitte alle um Vergebung, die diesen Lobpreis an mir nicht erkennen konnten! Ich habe in der Kirche und mit ihr gelebt, gearbeitet und auch gelitten. Sie war für mich nie wie ein bloßer Zweckverein, sondern immer ein Mysterium, weil Jesus Christus durch diese Kirche in der heutigen Zeit sein Erlösungswerk fortsetzt. Mein großes Anliegen war immer die Einheit gemäß dem Auftrag und dem Gebet Jesu (Joh 17,21). Ich bitte und beschwöre alle, die diese Zeilen hören oder lesen, bewahrt diese Einheit im Heiligen Geist zur Ehre Gottes des Vaters! Allen, mit denen ich zusammenarbeitete, denen ich begegnete und mit denen ich zu tun hatte, danke ich von Herzen und versichere ihnen: Ich schätze sie, ich habe sie gerne, ich bin ihnen dankbar. Ich konnte es nur nicht immer zeigen … Gedenket meiner im Gebet! … Möge Gott allen im Übermaß seiner Güte vergelten!"

In diesen schlichten und tiefen Worten verbirgt sich der Zauber eines guten Abschieds – wer auf gut vorbereitete Weise Abschied nimmt, kann noch Lebenslehren weitergeben, Dankbarkeit zeigen, auch darum bitten, dass ein begonnener Weg fortgesetzt werden möge. Diese Worte von Weihbischof Jakob gehen zu Herzen. Es ist gut, auf einen Abschied vorbereitet zu sein und nicht jäh aus dem Leben gerissen zu werden; es ist gut, sich auf das Loslassen, wie es der Eintritt in eine andere Lebensphase mit sich bringt, einzustellen. Wer gut Abschied nimmt, macht es den anderen Menschen leichter, Abschied zu nehmen. Wer loslassen kann, kann auch leichter losgelassen werden – weil wir diesen Menschen leichter „gehen lassen" können. So verhält es sich mit kleineren Abschieden und mit dem endgültigen Abschied, den uns Tod und Sterben bescheren. Es fällt Eltern leichter, ihre erwachsenen Kinder loszulassen, wenn diese gerne in die weite Welt, wie es so schön heißt, hinausgehen: Es fällt berufstätigen Menschen leichter, in den Ruhestand zu treten, wenn sie etwas haben, auf das sie sich freuen können. Es fällt uns leichter, aus einem Haus auszuziehen, wenn wir gerne in die neue Wohnung übersiedeln. So durchzieht sich durch unser ganzes Leben mit seinen vielen großen und kleinen Abschieden die Einladung zum guten Loslassen.

Ein berührendes Wort des Abschieds hat uns auch Christian de Chergé, der Prior des Trappistenklosters von Tibhirine in Algerien, hinterlassen. Es ist mit 1. Dezember 1993 datiert und stammt bereits aus der Zeit, als das Leben im Dorf für die Mönche zusehends unsicher wurde. Die Mönche hatten sich aber zum Bleiben entschlossen, um weiter der Dorfgemeinschaft und dem Miteinander von Christentum und Islam zu dienen. Christian de Chergé war als junger Mann zum Militärdienst nach Algerien einberufen worden, als ihm ein muslimischer Freund das Leben rettete; dieser wurde daraufhin von radikalen Landsleuten getötet. Unter dem Eindruck dieses größten Opfers, das Leben für einen Freund hinzugeben (Joh 15,13), entschloss sich Christian de Chergé, sich in besonderer Weise für den Dialog zwischen Islam und Christentum einzusetzen. In der Nacht vom 26. zum 27. März 1996 wurden Christian de Chergé und sechs weitere Mönche aus dem Kloster Tibhirine verschleppt. Ihre verstümmelten Leichen – man hatte sie enthauptet – wurden zwei Monate später gefunden. Das Testament von Christian de Chergé mutet angesichts dessen prophetisch an. Er hatte etwas mehr als zwei Jahre vor seiner Ermordung mit aller Klarsicht und Einsicht in das Lebensrisiko eingewilligt, das der weitere Aufenthalt in Algerien mit sich bringen würde: „Wenn es mir eines Tages zustößt – und das könnte heute sein –, daß ich Opfer des Terrorismus werde, der gegenwärtig offenbar bereit ist, alle Ausländer zu verschlingen, die in Algerien leben, möchte ich meine Gemeinschaft, meine Kirche und meine Familie daran erinnern, daß mein Leben Gott und diesem Land *gegeben* wurde", so heißt es am Anfang seines Testaments. „Ich habe lang genug gelebt, um zu wissen, daß ich selber ein Komplize des Bösen bin, das in dieser Welt leider die Überhand zu besitzen scheint, und auch ein Komplize dessen, der mich blind treffen könnte. Wenn der Moment kommt, würde ich mir wünschen, jenen Augenblick geistlicher Klarheit zu besitzen, der mir erlaubt, von Gott und meinen Menschheitsgeschwistern Vergebung zu erbitten und zugleich jenem von ganzem Herzen zu vergeben, der mich niedermacht." Er verteidigt Algerien und den Islam. Er spricht von Algerien als seiner ersten Kirche, gefüllt mit Respekt für die gläubigen Muslime. Er spricht auch schon den Mörder an: „Auch du, Freund der letzten Minute, der du nicht gewußt haben wirst, was du tatst. Ja, auch für dich wünsche ich mir dieses *Dankeschön* und dieses *Adieu*, das von dir angestrebt wird." Und schließt: „Möge es uns gewährt sein, uns als glückliche Schächer im Paradies wiederzufinden, so es Gott gefällt, unserem Vater von beiden. AMEN! Inschallah!". Dieser kurze Text gilt mittlerweile als bedeutender geistlicher Text unserer Zeit.

Dieser Text erinnert uns daran, dass wir alle auf jene Gnade angewiesen sind, die dem Schächer am Kreuz zuteilwurde. Wir alle. Das Lukasevangelium erzählt uns im 23. Kapitel von dieser erlösenden Situation: Mit Jesus wurden zwei Verbrecher, zwei Kriminelle hingerichtet. Sie werden als solche bezeichnet. Einer der Verbrecher verhöhnt Jesus. Der andere weist ihn zurecht und erinnert ihn an die Gottesfurcht und sagt zu Jesus: „Jesus, denk an mich, wenn du in dein Reich kommst" (Lk 23,42). Und dieser Verbrecher erhält – als einziger Mensch in dieser Form – von Jesus die Heilsantwort: „Amen, ich sage dir: Heute noch wirst du mit mir im Paradiese sein" (Lk 23,43). Dieses Wort ist kraftvoll und lebensspendend. „Heute noch!" – keine Wartezeiten, keine Umwege, kein Zwischenstadium, kein Übergang. „Heute noch!" „Mit mir im Paradiese" – in Gemeinschaft mit dem Herrn, gemeinsam mit dem Herrn, in Jesu Nähe und in der Freundschaft mit Jesus. Hier haben wir die Verheißung einer Lebensgemeinschaft. Und das nennen wir „Paradies". So verdanken wir dem überlieferten Wort des Schächers eines der schönsten Heilsworte Jesu.

Dieser Blick auf das Paradies ist stützend und heilend in schwierigen Zeiten, in Zeiten des Abschieds. Dieser Blick erinnert uns daran, dass wir von einer Hoffnung getragen werden, dass kein Abschied vom Guten endgültig ist; dieser Blick erinnert uns daran, dass wir aus einer Verheißung heraus leben. In der christlichen Tradition ist die Erinnerung an diese Verheißung auch immer Trostwort und Mahnwort gewesen: Wenn du Abschied nimmst, wisse dich getröstet durch diese Hoffnung! Wenn du lernen musst, loszulassen, fühle dich ermuntert und ermahnt, angesichts dieses letzten Horizonts, der unser Leben überspannt. Dieses Büchlein soll eine kleine Hilfe sein auf diesem befreienden Weg zum Loslassen – geschrieben von zwei Menschen, die auch Lernende sind in dieser Kunst. Wir wünschen von Segen begleitete Lektüre.

Salzburg, in der Fastenzeit 2012
Alois Kothgasser, Clemens Sedmak

1. Loslassen

Loslassen kann man nur, was man auch hält. Denken wir an ein gehobeltes Holzstück, das wir fest in der Hand halten. Wir können das Holz spüren, es begreifen, die Form, die Konsistenz, die Faserung erfahren. Wir sind uns auch unserer Hand in einer besonderen Weise bewusst. Wir spüren, wie das Holz warm wird, wie Hand und Holz, um es einmal so zu sagen, miteinander sprechen. Das Holz prägt die Hand und die Hand prägt das Holz. Wir haben einen Halt, wissen, was die Hand zu tun hat und was in der Hand liegt. Und dann lassen wir das Holzstück los. Es fällt zu Boden. Die Hand fühlt sich leer an. Es wird kälter, der Widerstand des Holzes ist nicht mehr da.

Loslassen kann man nur, was man auch hält. Loslassen kann man nur, was man gehalten hat. Es ist nicht schwer, Abschied von etwas zu nehmen, das uns wenig bedeutet hat. Es ist aber sehr schwer, das loszulassen, was uns Halt gegeben hat. Halt schenken uns Menschen, unsere Fähigkeiten und Gesundheit, aber auch Dinge und Orte, Gewohnheiten und die Verantwortungen, in denen wir leben. Loslassen ist die Kunst, Abschied zu nehmen von etwas, das hält und das wir gehalten haben. Wenn man es genauer betrachtet, bildet das eine Einheit: Das, was wir halten, hält auch uns. Die Menschen, Dinge, Orte, an denen wir hängen – sie geben uns eine Festigkeit im Leben, einen Rückhalt. Wir könnten es auch so sagen: Unser Leben wird strukturiert durch das, was uns wichtig ist, und um das sorgen wir uns auch. Und diese Sorge gibt dem, worum wir uns sorgen, eine Tiefe und eine Bedeutung. Durch das, was uns etwas bedeutet, sind wir auf besondere Weise mit dem Leben verbunden; wir bringen uns auf eine einzigartige Weise in unser Leben ein. Wir machen das Leben zu unserem Leben, zu einem Leben, das nur wir so führen können; zu einem Leben, das uns zu den besonderen Menschen macht, die wir sind. Die Sorge um das, was uns wichtig ist, gibt unserem Leben eine Richtung und auch ein Gewicht. Wenn es nichts gäbe, worum wir uns sorgen würden, wäre unser Leben einförmig und hätte keine Tiefe. Diesen Gedanken finden wir in dem Porträt, das der amerikanische Schriftsteller Paul Auster von seinem Vater gegeben hat. Auster hat nach dem Tod des Vaters einen Text verfasst mit dem vielsagenden Titel *Porträt eines unsichtbaren Mannes*. Darin beschreibt er seinen Vater als einen Menschen, der an nichts wirklich „hing", den nichts wirklich „gehalten" hat, der keinen Sinn für innere Tiefe erkennen lässt. Den Begriff, den Paul Auster zur Charakterisierung seines Vaters verwendet, ist der Begriff der „Abwesenheit".

Sein Vater war merkwürdig abwesend für die Menschen in seinem Leben und in gewisser Weise auch in seinem eigenen Leben. Auster beschreibt seinen Vater als einen Menschen, der in seinem eigenen Haus wie ein Fremder lebt, der „wie ein Tourist" in seinem eigenen Leben war, frei war von Leidenschaften und Dingen, die ihn wirklich beschäftigten und erfüllten. Man hatte den Eindruck, als könne nichts in ihn eindringen, als hätte die Welt nichts zu bieten, was ihn interessieren würde. Die Welt prallte entsprechend an ihm ab, drang nie durch, er blieb an der Oberfläche der Dinge. Es war, als würde sich ihm sein eigenes inneres Leben entziehen. Auster beschreibt seinen Vater als einen Menschen, der keinen Zugang zu seinem Inneren hatte und diesen Zugang auch tunlichst vermied. Hier stoßen wir auf die Beschreibung eines Menschen, der zwar höflich und korrekt war, aber ohne inneres Engagement, ohne „echte Sorge", die ihn bewegt hätte; ein Mann, der keinen Halt in der Welt gefunden hat, zwar „funktionierte", aber nicht als besondere und unverwechselbare Persönlichkeit „gelebt" hat. Diesem Mann fiel es nicht schwer, loszulassen, Abschied zu nehmen von seiner Ehefrau durch Scheidung, von seinem Haus durch Verkauf, von seinem Beruf durch Pensionierung – weil er Frau, Haus und Beruf nicht ernsthaft gehalten hat. Dahinter verbirgt sich natürlich eine tiefe Tragik, die Paul Auster erst nach dem Tod des Vaters zu verstehen begann: Sein Vater war als kleines Kind Zeuge eines schrecklichen Ereignisses (die Mutter tötet vor den Augen des Kindes den Vater) und dieses Ereignis hat ihn derart traumatisiert, dass er sich zurückgezogen hat von der Welt und dem, was hier Halt geben kann.

Loslassen kann man nur, was man auch hält und gehalten hat. Und das ist nun einmal eine besondere Kunst – in der rechten Weise an Menschen, an Dingen, an Orten, an Gewohnheiten zu hängen. Für Menschen, denen alles „gleich-gültig" ist, liegt alles auf derselben Ebene, ohne Unterschied. Sie müssen zunächst einmal lernen, „zu halten". Es ist sehr schwer, mit einem Menschen befreundet zu sein, dem alle Menschen „gleich (un-)wichtig" sind. Freundschaft lebt gerade davon, dass wir in besonderer Weise Halt geben und dass wir in besonderer Weise gehalten werden. Freundschaft lebt davon, dass man einzigartig für den anderen und die andere ist. Manche Menschen müssen lernen, zu halten; sie müssen lernen, Bindungen einzugehen, Versprechen abzugeben.

Damit ist schon viel über das „Halten" gesagt – einem Menschen Halt zu geben heißt, ein Versprechen abzugeben; das Versprechen, „für dich" da zu sein, „mit dir" auf dem Weg des Lebens zu gehen, mich „um dich" zu sorgen. Die einflussreiche Philosophin Hannah Arendt hat in ihrem Buch *Vita activa* über die Zerbrechlichkeit der menschlichen Angelegenheiten nachgedacht. Wir leben in einer Welt, die sich stets verändert; wir leben inmitten von Menschen, die sich entwickeln und verändern;

wir sind selbst Wesen, die Wandel unterworfen sind. Viele Pläne scheitern, immer wieder entstehen Missverständnisse, wir können nicht vorhersagen, wie sich Dinge entwickeln oder welche Konsequenzen unsere Handlungen im Einzelnen haben werden. Kurz, unser Leben ist von einer „Zerbrechlichkeit" gekennzeichnet. Und weil das so ist, müssen wir einander Halt geben; dieser Halt wird durch zwei Grundakte ermöglicht, nämlich durch das Versprechen und durch das Verzeihen. Durch das Versprechen entsteht eine Bindung, die trägt; durch das Verzeihen entsteht ein Loslösen vom Gebundensein an eine unheilvolle Vergangenheit. An diesem Gedanken über die beiden menschlichen Grundhandlungen des Versprechens und des Verzeihens sehen wir auch, wie Halten und Loslassen miteinander verbunden sind. Halten und Versprechen auf der einen Seite sind angewiesen auf Loslassen und Verzeihen auf der anderen Seite. „Halten" ist eine Form des Versprechens, eine Bindung auf die Zukunft hin, um ein Versprechen abgeben zu können, muss ich mich selbst kennen und auf festem Grund stehen; ich muss ein gewisses Vertrauen in die Welt und das Leben haben; und ich muss eine besondere Einschätzung und Wertschätzung der Person gegenüber haben, der ich etwas verspreche. Oder anders gesagt: Um ein Versprechen abgeben zu können, brauche ich „Selbstwissen", „Lebenswissen" und „Beziehungswissen". Hier wirken also zwei Momente zusammen, ein Moment der Liebe, Zuneigung, besonderen Aufmerksamkeit auf der einen Seite; und ein Moment der Einsicht, Erkenntnis und des Wissens auf der anderen Seite. Damit ist wieder unterstrichen, dass Menschen, die Halt geben, selbst fest im Leben verankert sein müssen. „Sorge" und „Klarheit" sind die Grundpfeiler der Haltefähigkeit, Liebe und (Er-)Kenntnis.

Ein schönes und tiefes biblisches Bild für diesen Umstand finden wir im Alten Testament im Buch Tobit. Hier gibt es (Tob 6,1–4) eine kleine Szene, die das rechte Halten und Begleiten deutlich macht: Der junge Tobias geht in einem Fluss baden; da schießt ein Fisch aus dem Wasser hoch und droht ihn zu verschlingen. Am Ufer des Flusses steht der Reisebegleiter des Tobias, der Engel Rafael. Er ruft Tobias zu: „Pack den Fisch!" Der junge Mann packt den Fisch und wirft ihn ans Ufer. Dann weist der Engel Tobias an, den Fisch aufzuschneiden, Herz, Leber und Galle herauszunehmen und aufzubewahren. Nachdem dies geschehen ist, braten sie den Fisch und essen ihn auf. Diese kurze Szene schildert eindrücklich, worum es im Haltgeben geht: Rafael steht auf festem Grund; er kennt Tobias und kann gut einschätzen, wozu Tobias fähig ist; Rafael hat Lebenserfahrung und kann die Situation und die Gefahr, die von dieser Situation ausgeht, beurteilen. Er macht keinen Schritt auf das Wasser des Flusses zu, sondern ermuntert Tobias, die Situation selbst „anzupacken". Das Einzige, was wir Rafael tun sehen, ist der kurze Zuruf „Pack den Fisch!". Hier sehen wir auch, wie

Haltgeben mit „Klarheit" und eigener „Festigkeit" zu tun hat. Und nach dieser dramatischen Situation hilft Rafael Tobias in seinem Wachstum; hilft ihm auf dem Weg zu eigener Festigkeit und Stärke, indem Tobias das Wesentliche aus dieser gefährlichen Situation lernt und bewahrt (Herz, Leber und Galle sind die Wesensmomente dieser Situation und werden im Verlauf der weiteren Geschichte zu Heilmitteln, um anderen Menschen Halt zu geben) und indem sie sich die durchlebte Situation ganz zu eigen machen, „einverleiben" (sie braten den Fisch, bereiten ihn also zu, verarbeiten ihn und essen ihn dann auf). Diese vier Verse erzählen in ganz kurzer Form Grundzüge des rechten Haltgebens: Rafael gibt Tobias Halt, indem er auf festem Grund steht, die Situation gut einschätzt, Tobias etwas zutraut und ihn in der Verarbeitung der Situation anleitet.

Die Schule des Loslassens ist zunächst eine Schule des Haltens. Halten hat mit „Versprechen" zu tun; haltgebende Menschen sind solche, die Versprechen abgeben und Bindungen eingehen können. Loslassen kann auch befreien. Es ist befreiend, wenn man sich auf das Wesentliche konzentriert, wenn man das Unwesentliche hinter sich lassen kann. Immer wieder haben Menschen das Wagnis unternommen, Dinge loszulassen und neu anzufangen. Ein Salesianer Don Boscos in Israel hat alles weggegeben und nur das Notwendige und Nötigste behalten. Dadurch geschieht ein Bündelung des Lebens hin auf die Fragen: Was zählt eigentlich? Was brauche ich wirklich? Wenn wir auf einer Bergtour den Gipfel erreicht haben und den schweren Rucksack ablegen, dann ist dieses Loslassen befreiend – vor allem aber auch deswegen befreiend, weil wir den Rucksack wirklich und ernsthaft und lange getragen haben; entsprechend tief geht dann das Loslassen. Wieder sehen wir: Loslassen kann man nur, was man auch gehalten hat. Es sind verschiedene Formen von Halten und Loslassen, die wir unterscheiden können. Sehen wir uns einige dieser Weisen des Haltens und Loslassens an, in neun Schritten:

1. Dinge loslassen

Wir können *Dinge* halten und loslassen. Wir hängen an bestimmten Dingen, manche Dinge erzählen uns von unserem Leben: Zeichnungen von unseren Kindern bedeuten uns viel; eine Uhr, die wir von unseren Eltern bekommen haben; ein Buch mit der Widmung der Autorin oder des Autors; eine schön gefertigte Truhe, die wir geerbt haben; ein Pianino, auf das wir lange gespart haben; ein Stein, den wir auf einer Wanderung gefunden haben; ein Rosenkranz, mit dem wir seit Jahren beten. Dinge geben uns Halt, weil sie uns mit unserem Leben, das nur wir so leben können, verbinden. Der vietnamesische Erzbischof und spätere Kardinal Francis Văn Thuân hat sich während seines langjährigen Gefängnisaufenthalts ein Kreuz aus Holz geschnitzt, das er in einem Stück Seife versteckt hat; er hat es bis zum Ende seines Lebens getragen. Dieser Gegenstand hat ihm Kraft gegeben, an ihm hat er sich auch festgehalten. Dinge geben unserem Leben Halt. Sie geben uns Kraft, wenn sie zu „Symbolen" werden. Ein Symbol ist ein sichtbares Zeichen, das auf eine unsichtbare Wirklichkeit verweist und uns damit etwas über unsere Identität erzählt. In einem Symbol (kommt von „sym-ballein", „zusammenwerfen") werden zwei Wirklichkeiten miteinander verbunden. So bekommt der sichtbare Gegenstand Tiefe durch den Bezug auf die unsichtbare Wirklichkeit. Dinge geben uns Kraft. Der englische Sozialanthropologe Daniel Miller hat den Wert der Dinge in seinem lesenswerten Buch *Der Trost der Dinge* untersucht. Daniel Miller hat sich die Dinge in hundert Haushalten in einer Straße in Südlondon angeschaut. Er ist in die Wohnungen dieser armutsgefährdeten Straße gegangen und hat nach der Geschichte und nach den Geschichten von einzelnen Gegenständen (Fotos, CDs, Bilder, Möbelstücke, Musikinstrumente, Briefmarkensammlung, Christbaumschmuck, Trophäen …) gefragt. Ihm wurde klar: Die meisten Gegenstände sind nicht einfach „zufällig" hier. Sie haben eine besondere Beziehung zu den Bewohnerinnen und Bewohnern. Oder vielleicht besser gesagt: Die Bewohnerinnen und Bewohner haben eine besondere Beziehung zu vielen Gegenständen, die sie in ihrer Wohnung aufbewahren. Damit ist eine Wohnung so etwas wie ein „Selbstporträt" der Besitzerinnen und Besitzer. Daniel Miller hat in seinen Gesprächen immer wieder die Erfahrung gemacht: Dinge geben Halt. Der drogensüchtige und alkoholkranke Dave, der gute Tage in der Musikbranche erlebt hatte, hielt sich an alten Fotos und alten Musik-CDs fest. Ihr Tauschwert war gering, aber Daniel Miller war überzeugt, dass Dave sein Leben letztlich diesen Dingen verdankte, die ihn aufrichteten, die ihm Selbstwertgefühl vermittelten, die ihm Quellen für Identität waren. In einem anderen Haus waren es Reisesouvenirs, wieder ein andermal Gegenstände, die die betreffende Person an ihre Kindheit erinnerten. Wir sollten Dinge also keineswegs gering schätzen. Sie geben Halt und verbinden uns mit dem Leben. Es ist manchmal gut, einen Gegenstand bei der Hand zu haben, an dem man sich anhalten kann, einen schönen Stein, ein schönes Stück Holz. In Zeiten der Niedergeschlagenheit kann ein Stein in der Manteltasche uns Halt geben; in Zeiten der Krankheit kann es stützen, sich an einem festen Gegenstand, zum Beispiel einer Muttergottesstatue oder einem Rosenkranz, festzuhalten. Wir wollen also Dinge achten, weil sie auch Halt geben. Menschen, die zu keinen Dingen einen Bezug haben, könnten uns ein wenig fremd erscheinen, weil wir ja die Dinge nicht um ihrer selbst willen schätzen, sondern weil wir damit eine besondere Geschichte verbinden, vor allem eine Geschichte mit wichtigen Menschen. Wir heben Briefe der Ehepartnerin, des Ehepartners auf, weil sie uns ein „Fenster zu dieser Liebe" sind. Aus diesem Grund kann es die Liebe tiefer und inniger machen, wenn Eheleute einander regelmäßig Briefe schreiben; es gibt einer Beziehung eine besondere Tiefe, wenn Eltern ihren Kindern an Festtagen einen Brief schreiben. Solche „Fenster der Liebe" machen es auch leichter, Abschied zu nehmen. Wer schöne Briefe von seinem Vater oder seiner Mutter aufbewahrt hat, wird den Abschied und die Trauer besser bewältigen. Es ist ein schöner Brauch, nach dem Tod eines Menschen die Angehörigen einzuladen, sich einen Erinnerungsgegenstand auszusuchen. Wenn die Oma verstorben ist, dürfen auch die Enkelkinder sich für einen Gegenstand aus dem Besitz der Oma entscheiden, der sie an die Oma erinnert, einen Löffel, ein Gebetsbuch, eine Füllfeder, ein Kopftuch. Wir wollen die Kraft der Dinge, auch Liebe auszudrücken und Halt zu geben, nicht unterschätzen. Ordensschwester Helen Mrosla, eine Lehrerin, beschrieb eine einfache Übung: Sie lud alle Schülerinnen und Schüler ein, auf einem Blatt Papier das Sympathischste über jede Mitschülerin und jeden Mitschüler zu notieren. Abends nahm sich Schwester Helen die Zeit, für jede einzelne Schülerin und jeden einzelnen Schüler alles zu übertragen, was gesagt worden war. Sie übergab diese sehr persönlichen Listen. Jahre später wurde einer der damaligen Schüler, Mark, in Vietnam getötet. In Marks Geldtasche hatte man unter anderem – diese Liste gefunden, abgegriffene Zettel, die zusammengeklebt und wohl viele Male zusammen- und auseinandergefaltet worden waren. Mark hatte sie all die Jahre bei sich getragen. Es stellte sich beim Begräbnis, an dem einige Schülerinnen und Schüler der damaligen Klasse teilgenommen hatten, heraus: Sie hatten die Liste aufbewahrt, in der obersten Schublade des Schreibtisches, in der Handtasche, ins Hochzeitsalbum geklebt. Dinge geben Halt.

Es ist sicherlich eine Form der Liebe, einem Menschen Dinge zu schenken, die Halt geben; anders gesagt: Die Sprache der Dinge ist sicherlich auch eine Sprache der Liebe. Manchmal könnte der Eindruck entstehen, dass die christliche Tradition dazu einlädt, Dinge gering zu schätzen. Das ist wohl so nicht der Fall, wenn wir unser Leben ernst nehmen. Es kommt nur darauf an, Dingen ihren rechten Platz zu geben. Wenn ein Ding vergöttlicht wird, so wie wir das im Buch Exodus in der Geschichte mit der Verehrung des Goldenen Kalbs finden, ist etwas schiefgelaufen. Mose ist auf dem Berg Sinai und spricht lange Zeit mit Gott. Das Volk wird ungeduldig und sucht aus dieser Haltung von Angst und Misstrauen heraus etwas Sichtbares, an dem es sich festhalten kann. „Komm, mach uns Götter, die vor uns herziehen", sagen die Menschen zu Aaron (Ex 32,1). Sie sammeln goldene Ohrringe ein und machen daraus ein goldenes Kalb, vor dem sie einen Altar aufstellen. So entsteht eine neue Mitte, um die herum das Volk zusammenkommt. Hier ist ganz offensichtlich etwas schiefgelaufen: Aus Angst und einem Mangel an Vertrauen heraus wird einem Ding ein Platz eingeräumt, der ihm nicht zukommt. Aus einer Fehlhaltung (Angst und Misstrauen) entsteht eine Fehlhandlung (Vergötzung). Und damit gerät das Leben aus den Fugen, die Ordnung wird erschüttert. Denn nun ist kein Platz mehr für Gott. Und wenn man es genauer bedenkt, kann jeder beliebige Gegenstand zum Götzen erklärt werden, das kann ein Kalb aus Gold sein, aber auch ein großer Stein oder eine Statue aus Holz oder ein Kunstwerk aus Plastik. Oder ein Auto, ein Flachbildfernseher, ein besonderes Mobiltelefon, ein Schmuckstück, eine kostbare Füllfeder. Hier ist „Loslassen" notwendig; nur Gott ist die Quelle alles Heiligen; und Gott kann durch kein Ding dargestellt werden. In der jüdischen Tradition ist dieser Gedanke mit dem Verbot, Gott bildlich darzustellen, ausgedrückt worden. Im Vaterunser beten wir „Dein Name werde geheiligt". Das heißt unter anderem, dass wir uns davor hüten wollen, Dinge an die Stelle von Gott zu setzen. Das heißt aber gerade nicht, dass die Welt der Dinge dann nicht Heiliges ausdrücken könnte. Die gottgesegnete Liebe zwischen Menschen hat etwas Heiliges; und diese Liebe kann und soll sich in Geschenken, in Briefen, in Ritualen ausdrücken. So gesehen bekommen die Dinge gerade durch ihren Rückbezug auf den Geber alles Guten ihren Wert und ihre Tiefe.

Dinge sind also wichtig; es ist auch ein Zeichen von Tiefe, besondere Beziehungen zu besonderen Dingen zu haben. Dinge können Halt geben und machen das Loslassen von einem Menschen leichter. Und dennoch gibt es die Herausforderung, Dinge loszulassen. Es fällt leichter, uns von Dingen zu verabschieden, wenn wir sie in gute Hände legen können. Judith Levine, um ein Beispiel zu geben, wollte ein Jahr ohne Konsum leben und wirklich nur für die notwendigen Dinge Geld ausgeben. Sie hat diese Erfahrung in ihrem lesenswerten Buch *No shopping* beschrieben (das Buch heißt so in der deutschen Übersetzung!). Im Lauf dieses Jahres wurde Judith Levine zur Hochzeit ihrer Nichte eingeladen. Dazu gehört natürlich ein entsprechendes Geschenk. Sie trennte sich dann von einem wertvollen und lieb gewonnenen Schmuckstück, das sie selbst geerbt hatte. Das Loslassen fiel ihr leichter, weil sie das kostbare Stück in guten (und geliebten) Händen wusste und weil die Übergabe in einem einmaligen, freudigen und festlichen Anlass einer Hochzeit geschah. Diese beiden Dimensionen – das „Wie" des Loslassens und das „Wer" („An wen?") des Loslassens – machen es leichter, Dinge aus der Hand zu geben. Dann wird das Loslassen auch leichter durch eine entsprechende allgemeine und grundsätzliche Einstellung zu den Dingen. Das kann auch eine Herausforderung an die Großzügigkeit sein. Großzügigkeit ist eine Tugend und damit auch eine bestimmte Grundhaltung, die Menschen entwickeln können. Großzügigkeit ist die Tugend der inneren Weite; Geiz und innere Enge, Kleinlichkeit und die Unfähigkeit, Dinge loszulassen, sind miteinander verbunden. Hier schwingt auch die Ängstlichkeit mit. Sie ist Zeichen innerer Enge. Bei Thomas von Aquin ist die Großzügigkeit mit der Klugheit verbunden, weil Klugheit mit „Weite" und „Weitblick" verbunden ist. Ein Mensch, der Dinge in einem weiten Horizont sieht, kann leichter loslassen. Diese Kunst hat viel mit der inneren Weite, mit der Tugend der Großzügigkeit zu tun. Sie zeigt sich unter anderem (vor allem auch in unserer Kultur) im Umgang mit Geld. Pedro Arrupe, der langjährige Generalobere der Jesuiten, hat davon gesprochen, dass die materielle Armut die Mutter aller Formen von Armut ist und uns deswegen über alle anderen Formen von Armut (soziale, innere, geistliche, Bildungsarmut …) belehren kann. Ähnlich dürfte es sich mit materiellem Vermögen verhalten; Reichtum ist der Vater aller Formen von Reichtum und kann uns deswegen über alle anderen Formen von Reichtum belehren. Die Fähigkeit, auch Geld loszulassen, ist ein Lackmustest für die Prioritäten im Leben. Es gibt beeindruckende Menschen, die selbstverständlich den Zehent geben, also ein Zehntel ihres (Brutto-)Einkommens für die Kirche oder für andere gute Zwecke geben. Wenn man mit Menschen spricht, die das seit Jahren ganz selbstverständlich betreiben, hört man vor allem dreierlei: Erstens gibt es immer gute Gründe, das Geld nicht wegzugeben, und es ist eigentlich nie der passende Zeitpunkt, mit dieser Art des Teilens zu beginnen. Als junger Mensch hat man wenig Geld, dann braucht man das Geld, um die Familie aufzubauen, dann braucht man das Geld in

Krankheit und Alter ... Also soll man, wenn man damit beginnen will, sofort beginnen. Zweitens kommt man mit dem Geld aus, weil wohl ein besonderer Segen auf dem Geld liegt und weil man mit dem Geld, das man zur Verfügung hat, sorgfältiger und behutsamer umgeht. Drittens wandelt man durch die veränderte Einstellung zum Geld auch die Einstellung zu vielen anderen Dingen im Leben. Das Schöne ist, dass man diese Einstellung einüben kann, indem man beginnt zu teilen – nach klaren und einfachen Regeln, an die man sich getreu und ohne lange Vorbereitung hält. Wäre das nicht einen Versuch wert?

Die Kunst, Dinge loszulassen, hat auch viel mit der „Kunst des Weniger" zu tun. Der Satz „Weniger ist mehr" gilt für viele Aspekte des Lebens. Es ist befreiend, sich von Dingen zu lösen; es ist befreiend, Ordnung in das Leben zu bringen. Wenn Menschen niedergeschlagen sind, ist es ein guter Schritt, einmal eine halbe Stunde, eine Stunde aufzuräumen. Der Versuch, äußere Ordnung zu schaffen, bringt auch innere Ordnung mit sich. Wenn äußerlich Klarheit und Ordnung herrschen, bestärkt das auch das Innere. Entrümpeln kann ein Akt der Befreiung sein. Im Englischen heißt das „decluttering", was allein vom Wort her etwas Befreiendes ausdrückt. Es ist ziemlich erstaunlich, wie rasch sich viele Dinge ansammeln. Wenn man Keller, Dachboden, Kästen und Schubläden einmal durchforstet, ist man zumeist sehr erstaunt, was sich alles findet; Dinge, von denen wir gar nicht mehr wussten, dass wir sie besitzen, und die wir dann natürlich weder gebrauchen noch irgendwie vermisst haben. Es ist befreiend, Dinge loszulassen und sich auch die Frage zu stellen: Was ist genug? Der in Stockholm lebende Amerikaner Alan AtKisson berichtet von seinem ersten Besuch bei seiner schwedischen Frau in ihrer Wohnung in der Nähe von Stockholm. Er war geschockt, als er herausfand, dass sie nur drei Handtücher besaß. Sie erklärte ihm, dass sie nicht mehr brauche, alle drei seien von sehr guter Qualität und entsprechend langlebig, eines sei in Verwendung, eines sei in der Wäsche, eines stehe für Reisen zur Verfügung. Und dann sagte sie: „Det är lagom" – „das ist ganz genau genug". Das Wort „lagom" hat es AtKisson angetan. Es ist eine Kombination aus zwei Begriffen, „lag" („Team", „Gemeinschaft") und „om" („rundherum"). Man vermutet, dass das Wort aus der Wikingersprache kommt und auf den Brauch anspielt, eine Schale Bier herumzureichen – jeder trinkt (genau die richtige Menge) und lässt, wenn er die Schale weiterreicht, genau die rechte Menge für die anderen zurück.[1] So kann man für viele Bereiche des Lebens und für viele Dinge – für Kleidung und Schuhe, für Geschirr und Möbel, für Bücher und DVDs, für Schmuck und Sammlungen – die Frage stellen: Was ist „lagom", was ist in der Menge ganz genau richtig?

---

1 Alan AtKisson, The Lagom Solution. In: Cecile Andrews und Wanda Urbanska (Hgg.), Less is more. Gabriola Island (Kanada) 2009, 101–106, 103.

2. Orte und Zeiten loslassen

Wir können *Orte und Zeiten* halten und loslassen. Es ist kein Geheimnis, dass Zeiten uns Halt geben; wir fühlen uns in einer Tagesstruktur geborgen, sind angewiesen auf Alltag und einen Rhythmus. Wenn ein Mensch einen längeren Krankenhausaufenthalt zu überstehen hat, ist es wichtig, sobald wie möglich eine Form von Alltag mit klaren Zeiten und Strukturen zu ermöglichen. Denn Zeiten geben Halt. Auch Orte geben uns Halt: Wenn wir einen Wallfahrtsort lieb gewinnen, zum Beispiel Maria Kirchenthal, dann halten wir uns an diesem Ort auch fest; dann freuen wir uns, wenn wir diesen Ort besuchen können, erfahren wir diesen Ort als Quelle von Kraft. Die meisten Menschen haben Lieblingsorte; manche fahren immer in dasselbe Dorf in Osttirol auf Urlaub; manche haben einen besonderen Platz, den sie regelmäßig aufsuchen, einen Berg, einen See, einen Wald. Ein Ort ist ja nicht nur ein Platz, an dem wir uns aufhalten – ein Ort hat auch eine Ausstrahlung, er prägt sich uns ein, er schenkt uns Eindrücke. Jeder Ort hat seinen Charakter. Robert Levine hat in seiner Studie *Eine Landkarte der Zeit* nachgezeichnet, wie verschiedene Orte in verschiedenen Geschwindigkeiten leben. Salzburg ist sicher eine langsamere Stadt als London oder New York – gemessen an der Gehgeschwindigkeit der Fußgänger, an der Ungeduld der Autofahrenden, an der Geräuschkulisse, die zusätzliche Hektik erzeugt. Jeder Ort hat seine

Eigenart und auch seine versteckten Schätze, seine nur wenigen Menschen vertrauten Ecken und Enden. Auch in Salzburg gibt es Wege und Winkel, die selbst viele Salzburgerinnen und Salzburger nicht kennen. Und gerade diese kleinen Dinge und Details machen einen Ort liebens- und lebenswert. Auch unsere Wohnungen werden vor allem durch die Details zu unserem Daheim. Entsprechend schmerzhaft kann das Loslassen eines Ortes sein, es kann sogar bis an das Mark gehen; etwa, wenn ein pflegebedürftiger Mensch seine gewohnte Umgebung verlassen und in ein Pflegeheim umziehen muss. Es ist schon schmerzhaft, wenn man weiß: Ich werde nie wieder an diesen Ort zurückkommen. Pater Anton Mettrop, ein liebenswerter holländischer Priester, im Frühjahr 2012 verstorben, war ein Mitglied des Ordens der Afrikamissionare („Weiße Väter"). Er hatte mehr als ein Jahrzehnt in Axams bei Innsbruck gewohnt und sich dort wirklich heimisch gefühlt, war bei Festen dabei, wo er auch die Musikkapelle dirigierte, war in den Schulen unterwegs. Es fiel ihm sehr, sehr schwer, als er älter wurde, nach Holland zurückzukehren. In seinem Zimmer in Sterksel, wo er seinen Lebensabend verbrachte, hat er dann viele Erinnerungen an Tirol aufbewahrt, um ein wenig „Axams nach Sterksel" zu bringen. Hier zeigt sich auch ein kluger Umgang mit dem Loslassen eines Ortes – du kannst „Souvenirs", tiefe und persönliche Erinnerungstücke bei dir haben, die dich mit dem Ort verbunden sein lassen. Wenn wir einen Ort lieb gewinnen, tragen wir „ein Stück von diesem Ort in uns", nehmen wir diesen Ort auch in unser Herz auf. Und das macht das Loslassen schwer. Christine und Christian Schneider hatten neun Jahre lang mit ihrer Familie in Manila in den Slums (!) gewohnt, mit einer christlichen Organisation gearbeitet und diese Erfahrung in einem schönen Buch *Himmel und Straßenstaub* beschrieben. Sie hatten wunderbare Begegnungen, jede Menge Ärger, jede Menge beglückende Momente, auch Tragik und Drama, kurz: Sie hatten ein erfülltes Leben mit vielen Erlebnissen und Erfahrungen in Manila. Viele Menschen, die Slums wurden ihnen vertraut. Nach neun Jahren zogen sie, auch um der Kinder willen, in die Schweiz zurück. Der Abschied fiel ihnen zwar schwer, aber das Loslassen wurde durch vier Umstände leichter: Sie hatten sich gut auf den Übergang vorbereitet und auch entsprechend Zeit dazu; sie hatten Grund, sich auf das Leben in der Schweiz zu freuen, und gingen auch mit Vorfreude und Spannung in das neue Dasein; sie konnten ihre Arbeit auf den Philippinen in gute Hände legen; sie wussten, dass sie mit ihren Freundinnen und Freunden und der von ihnen gegründeten Organisation in fester Verbindung bleiben würden und diese Organisation auch von der Schweiz aus unterstützen würden. Diese vier Punkte machten und machen das Loslassen eines Ortes leichter.

Wir müssen auch lernen, Zeiten loszulassen. Manche Menschen haben Schwierigkeiten, abends einzuschlafen. Zu viele Dinge bewegen sie, quälen sie noch. Das kann auch ein Zeichen dafür sein, dass das Loslassen schwerfällt; dass es schwerfällt, den Tag in Frieden in Gottes Hände zu legen. Am Ende eines Tages oder auch am Ende eines Jahres ist es eine gute Gewohnheit, einen Rückblick zu halten und sich vor Augen zu führen, was der Tag oder was das Jahr, von dem wir uns verabschieden, mit sich gebracht hat an Freuden und Sorgen, Nöten und Gnaden, Gaben und Lasten. Wir legen den Tag und das Jahr zurück in Gottes Hände. Wir haben diese Zeit von Gott empfangen und geben sie nun zurück. Wir nehmen in Frieden und Dankbarkeit Abschied von der geschenkten Zeit, aber auch mit der Demut, dass die Zeit nicht in unseren Händen liegt. Zeit ist ein Geschenk – und auch dieses Geschenk müssen wir lernen, auf gute Weise loszulassen. Die Künstlerin Beate Heinen hat eine Karte gestaltet, auf der eine Sanduhr zu sehen ist, die das Jesuskind in seinen Händen trägt. Sie hat ihrem Bild den Titel gegeben: „Der du die Zeit in Händen hast …" Etwas anders klingt da das Motto eines Zeitmanagement-Seminars: „Wer die Zeit im Griff hat, hat Zeit." Wir leiden vielfach unter chronisch gewordenem Zeitmangel, die Zeit zerrinnt uns gleichsam zwischen den Fingern. Wir stehen unter einem fühlbaren und realen Zeit- und Leistungsdruck, in einer rasanten Beschleunigung. In immer weniger Zeit sollen immer weniger Menschen immer mehr leisten. Zeit ist aber eben nicht nur Geld – Zeit ist Leben! Dann ticken die Uhren etwas anders. Um innerlich zu wachsen und zu reifen zu der Gestalt, die Gott sich von uns gedacht hat, braucht es Zeit, Zeit des Innehaltens, des Verweilens, Zeit des Alleinseins und des Schweigens ebenso wie Zeit des Miteinander und des Gesprächs. Für alles gibt es eine rechte Zeit, alles hat seine Stunde, so ermahnt uns das Buch Kohelet. Und die Zeit für die Ernte kann nur kommen, wenn wir auch die Zeit der Saat losgelassen haben. Älterwerden ist eine Übung in das Loslassen. In der ersten Lebenshälfte bauen wir das Leben auf; in der Lebensmitte blicken wir zurück auf das, was wir gebaut haben, schauen voraus auf das, was kommen wird; in der zweiten Lebenshälfte haben wir es mehr und mehr mit einem Loslassen zu tun. Älterwerden ist ein Weg, in dem wir uns unserer Verwundbarkeit verstärkt bewusst werden, aber darüber hinaus auch sehen, wie reich wir beschenkt worden sind; und mit diesen Geschenken können wir „aus reicher Innerlichkeit" und in liebevollen Beziehungen leichter loslassen von den Dingen und Tätigkeiten, die uns einst leichtfielen.

Dies scheint ein Grundwort im Loslassen zu sein: Dankbarkeit. Dankbarkeit ist eine wunderbare Haltung dem Leben gegenüber. Für den Benediktinermönch David Steindl-Rast ist die Dankbarkeit ein Schlüssel zu tiefem und erfülltem Leben. Der Psalm 103 erinnert uns daran: „Vergiss nicht, was Gott dir Gutes getan hat" (103,2). Dankbarkeit ist die Tugend des Sich-Beschenktwissens. Dankbare Menschen wissen, dass es nicht selbstverständlich ist, dass die Dinge so sind, wie sie sind. Dankbare Menschen leben mit einer Haltung der Offenheit, zu sehen, was „zufällt". Ein strahlend schöner Tag fällt ebenso zu wie eine unverhoffte Begegnung auf der Straße, fällt ebenso zu wie ein besonders schöner Bibeltext, der uns unterkommt, fällt ebenso zu wie eine Einladung zum Essen. Loslassen fällt leichter, wenn wir uns in die Kunst der Dankbarkeit einüben.

3. Gewohnheiten und Haltungen loslassen

Gewohnheiten und Haltungen sind mitunter loszulassen: Dass es lebensfeindliche Grundhaltungen gibt, ist uns allen klar. Das Familienleben beispielsweise wird mehr und mehr mit Terminen überladen. Kinder haben immer weniger Zeit zum Spielen und es ist auch nachweisbar, dass Kinder im Vergleich zu den 1970er-Jahren deutlich weniger schlafen. Da kann es hilfreich sein, „Termine zu entrümpeln", „Gewohnheiten zum Sperrmüll zu geben". Auch unsere Konsumgewohnheiten können destruktiv sein – bestimmten Studien zufolge verderben in unseren Breiten bis zu einem Drittel der gekauften Lebensmittel. Das kann man nicht als ehrfurchtsvolle oder lebensfreundliche Haltung bezeichnen. Wir müssen lernen, auch von Gewohnheiten abzulassen. Aristoteles und mit ihm Thomas von Aquin haben unsere Gewohnheiten als das Rückgrat unseres Charakters beschrieben. Wenn wir schlechte Gewohnheiten haben, ist auch unser Charakter getrübt. So gilt es, sich um gute Gewohnheiten zu bemühen. Dies wiederum geschieht dadurch, dass wir uns darum bemühen, möglichst regelmäßig und möglichst viele Handlungen zu setzen, die die gute Gewohnheit bei uns verfestigen lassen. Wenn also jemand ein ungeduldiger Mensch ist, der gerne die Grundhaltung der Geduld hätte, so müsste dieser Mensch möglichst regelmäßig Handlungen der Duldsamkeit und Geduld setzen, also Handlungen setzen, die Geduld erfordern. Dann wird es immer leichter fallen, geduldig zu sein. Wichtig ist beim Loslassen von schlechten Gewohnheiten, dass wir uns nicht zu viel auf einmal vornehmen. Ignatius von Loyola hat im Mai 1547 einen „Brief über die Vollkommenheit" verfasst, in dem er übereifrigen jungen Menschen nahelegt, „das Schiff nicht zu überladen". Wachstum muss „mit maßvollem Eifer" erfolgen. Die Botschaft lautet: „Nehmt euch nicht zu viel vor!" und „Fang bei einem konkreten Punkt an". Das ist ein bewährter Rat, wenn man Gewohnheiten überwinden will. Johannes Cassian hat schon Anfang des 5. Jahrhunderts die Einsicht festgehalten, dass man nicht alle schlechten Gewohnheiten auf einmal ändern könne; aber wenn man bei einem Punkt beginnt, verändern sich auch die anderen Lebenshaltungen. Als besonders sinnvoll hat er das Fasten genannt; wer regelmäßig fastet, bekommt dadurch eine Grundhaltung, die es leichter macht, auch anderswo zu wachsen. Und als besonders gefährlich hat er die Gier angesehen, die uns nie zur Ruhe kommen lässt.

Sehen wir uns ein eindrucksvolles Zeugnis über das Einüben in das Loslassen von Gewohnheiten, in das Einüben von guten Gewohnheiten an – das Tagebuch des seligen Johannes XXIII. Er hat in seinem geistlichen Tagebuch intensiv über das Loslassen von verderblichen Gewohnheiten nachgedacht. Hier stoßen wir auf einen Mann, der sich mit Blick auf eine „Kultur der Innerlichkeit", mit Blick auf Gott als die Mitte und das Fundament des Lebens, mit Blick auf eine lebendige Beziehung zum existierenden Gott, von äußeren Anhänglichkeiten löste. Das geistliche Tagebuch von Angelo Roncalli, dem späteren Papst Johannes XXIII., ist ein einzigartiges Zeugnis über das Ringen um Loslassen und inneres Wachstum.[2] Es umfasst eine Zeitspanne von 1895 bis 1962. Der Autor unterzieht sein geistliches Leben einer regelmäßigen Überprüfung, gerade bei jährlichen Exerzitien. Als große Eckpfeiler erweisen sich die Tagesstruktur (Tagesbeginn, Tagesende, Tagesrhythmus) und der Umgang mit Zeit (Zeiteinteilung, Vermeidung von Zeitverschwendung). Wer die Zeit in der rechten Weise nutzt, um nach innen zu gehen, kann sich leichter von Äußerem lösen. Angelo Roncalli ist davon überzeugt, dass der Anfang des Tages über den Tag entscheidet: „Vom Aufstehen zur genauen Zeit und ohne Verzögerung hängt der gute Ablauf des Tages ab" (JGT 196), hält der Autor im Jahr 1909 als Bischofssekretär fest. Als Bischof wird er schreiben, dass es klug

---

[2] Johannes XXIII., Geistliches Tagebuch. Freiburg/Br. 1965. Abkürzung „JGT".

sei, jeden Morgen einen Leitgedanken für den ganzen Tag zu fassen (JGT 241). Mit einem guten Tagesbeginn und einem entsprechenden Leitgedanken kann man den Tag gut bestehen. Entscheidend ist dann auch die Disziplin in der Gewissenserforschung, also im sorgsamen und prüfenden Blick auf das eigene Wollen, Denken und Tun. Sorgfalt bei der Gewissenserforschung trägt sich der Autor des geistlichen Tagebuches schon in jungen Jahren auf (JGT 44). Die wöchentlichen Beichten, die Angelo Roncalli abgelegt hat, werden ihm „die sichersten Maßstäbe meines geistlichen Fortschritts" (JGT 255 – eine Einsicht des fast Sechzigjährigen aus dem Jahr 1940). Es geht immer wieder darum, von vorne anzufangen, „als ob ich bis jetzt noch gar nichts getan hätte" (JGT 131 – eine Notiz aus dem Jahr 1903). Sieben Jahre später lesen wir wieder: „Ich fange wieder von vorne an" (JGT 198). Wieder zwei Jahre später während Exerzitien im Oktober 1912: „Es ist demütigend für mich, aber ich bin gezwungen, mich erneut an meine bereits früher gefaßten Vorsätze über die strikte Einhaltung meines Tagesablaufs zu erinnern" (JGT 201). Diese Demütigung empfindet Angelo Roncalli auch bei Exerzitien mit seinem Klerus im Haus der Delegatur in Istanbul im Jahr 1942: „Es ist beschämend, immer wieder auf dieselben Dinge zurückzukommen: aber mein Geist hat es nötig" (JGT 274). Knapp zehn Jahre zuvor, im Jahr 1933, finden wir den Eintrag: „Ich habe die besten Vorsätze meines bischöflichen Lebens überprüft und sie mit der ganzen Glut, die der Herr mir in seiner Gnade schenkte, wieder erneuert" (JGT 237). Die Erneuerung müsse jeweils „innerlich und tief" sein, „in visceribus", im Innersten, erfolgen (JGT 262). Bei Exerzitien im Jahr 1955, als Patriarch von Venedig, lesen wir: „Ich will noch einmal, und heute mehr denn je, die Sorge um ein intensiveres inneres und übernatürliches Leben in mir erneuern" (JGT 301).

Das Leben von Angelo Roncalli war nicht immer einfach; vor allem die zehn Jahre, die er als Gesandter des Heiligen Stuhls in Bulgarien verbrachte, waren schwierige Jahre. Er fühlte sich vergessen und einsam, notierte auch nach fünf Jahren, dass er immer noch nicht genau wisse, was er denn eigentlich zu tun habe. Aber er beklagte sich kein einziges Mal, übte sich in der Kunst des Loslassens von Plänen, von Neigungen, von Träumen, von Wünschen. Er lebte inmitten eines kirchlichen Klimas, in dem es „Karrieren" gab, in dem Gerüchte, wer welches Amt bekommen würde, um sich griffen – so wie wir das ja auch aus der österreichischen Kirche kennen, wenn es etwa um die Frage geht, wer Erzbischof in Salzburg wird. Angelo Roncalli stemmte sich diesen Versuchungen, „etwas werden zu wollen", entgegen, indem er sich auf das Wesentliche konzentrierte, auf die Erfüllung des göttlichen Willens. Er nimmt sich vor, nicht nach Ämtern zu streben (JGT 28), seine Talente nicht zur eigenen Ehre zu verwenden (JGT 32). Vorbild ist dabei Jesus, der die längste Zeit im

Verborgenen lebte und arbeitete (JGT 92f). Diese innere Reife, die ein Lösen vom Äußeren ermöglicht, kann nur gelingen, wenn ein klarer Blick für das Wesentliche gepflegt wird und wenn hier keine Nachlässigkeit Raum einnehmen kann. Hier heißt es, wachsam zu sein, auf „die kleinen Risse" zu achten, die kaum zu spüren sind, aber verheerende Auswirkungen haben (JGT 131), es gilt, in dieser Achtsamkeit konsequent zu sein: „Ich werde besonders darauf achten, mich nicht von Dingen ablenken zu lassen, die meinem geistlichen Fortschritt abträglich sind. Das Wasser, das das Boot zum Sinken bringt, sickert nur langsam durch kaum sichtbare Ritzen" (JGT 147), hier heißt es, die geistigen Strukturen immer wieder zu überprüfen, denn es sammelt sich „Staub" an, es zeigt sich „Verschleiß", es bildet sich „Rost" (JGT 243). Diese Bilder, festgehalten im Jahr 1937, lassen tief blicken. Ziel des Lebens ist ein Ideal von Heiligkeit, das sich am Inneren und nicht am Äußeren bemisst. Dabei müssen wir unseren je eigenen Weg zur Heiligkeit finden: „Ich will nicht auf solche Weise nach Heiligkeit streben, daß ich meine ursprüngliche Eigenart entstelle und schließlich die unglückliche Kopie eines anderen abgebe, der anders geartet ist als ich" (JGT 207), notiert er anlässlich seines zehnten Priesterjubiläums. Worin besteht die Heiligkeit? Sie besteht darin, sich ganz und gar dem Willen des Herrn hinzugeben (JGT 229).

Eine wichtige Einsicht in die Kunst des Loslassens durchzieht sämtliche Jahre und Bemühungen von

Angelo Roncalli in Form des Grundsatzes: Weniger ist mehr! Es ist klug, bei der Gewissenserforschung immer nur einen bestimmten Fehler ins Auge zu fassen und besonders darauf zu achten (JGT 45), als in vielen verschiedenen Fehlhaltungen und möglichen Irrungen unterzugehen. Noch als Bischof ermahnt er sich selbst, das Gelobte und Versprochene oft zum Gegenstand der Gewissenserforschung zu machen (JGT 222). „Je mehr Vorsätze man faßt, um so weniger hält man sie", gesteht sich Angelo Roncalli im September 1898 ein (JGT 62). Es ist besser, wenige Übungen der körperlichen Selbstverleugnung zu betreiben, diese aber dafür immer wieder, wenige Gebetsübungen, diese aber gut (JGT 116). Der Kirchengeschichtslehrer Roncallis gibt seinen Schülern den Rat: „Lest wenig, aber gut." Und der Seminarist beschließt: „Was für die Lektüre gilt, wende ich auf alles an: wenig, aber gut" (JGT 127). Je älter er wird, desto häufiger findet sich die explizite Vorbereitung auf einen guten Tod; bereits als 68-Jähriger betrachtet er sein Leben als abgeschlossen und jeden weiteren Tag als zusätzliche Gabe (JGT 285) – gerade in dieser Situation wird die Beschränkung auf das Wesentliche für ihn entscheidend; alles ist auf das Wesentliche zu beschränken: „Grundsätze, Ziele, Stellungen, Geschäfte" – „um ein Höchstmaß an Schlichtheit und innerer Ruhe zu erreichen" (JGT 285). An diesem Bekenntnis zur Einfachheit ändert sich nichts mehr. Er wehrt sich gegen die Überlastung durch zweitrangige und neue Andachtsübungen und müht sich um Treue zum Wesentlichen. Dazu gewinnt er als Wegweiser und Wegmarken kurze, meist lateinische Merksprüche, die ein geistliches Lebensprogramm in aller Kürze zusammenfassen: „Bei all deinen Dingen denk an dein Ende" (JGT 37; „in omnibus respice finem"); „age quod agis" (was du tust, das tue ganz; JGT 96); „ne quid nimis" („nichts im Übermaß"; JGT 126, 149); „omnia communia sed non communiter" („alles Gewöhnliche, aber nicht gewöhnlich"; JGT 133); „minima maximi faciam" („ich will auch das Geringste hoch schätzen"; JGT 133); „altiora tu ne quaesieris" („versteig dich nicht zum Höheren"; JGT 311), „voluntas Dei, pax nostra" (der Wille Gottes ist unser Friede; JGT 292, 294). Auch sein bischöflicher Wahlspruch „Oboedientia et Pax" („Gehorsam und Frieden") ist Ausdruck eines Lebensprogramms zum inneren Wachstum und zum Loslassen. Dieser Wahlspruch, in allem den Willen Gottes zu suchen und sich in den Dienst Gottes zu stellen, hat das Lebensprogramm des seligen Papstes Johannes XXIII. ausgemacht. So sehen wir aus diesen Hinweisen, die uns in diesem Tagebuch geschenkt sind, tiefe Einsichten in die Kunst des Loslassens.

4. Pläne und Überzeugungen loslassen

Mitunter sind wir aufgerufen, *Pläne und Überzeugungen* loszulassen. Im Johannesevangelium sehen wir an vielen Stellen, wie Jesus Menschen einlädt, von ihren Überzeugungen loszulassen; so belehrt er den Schriftgelehrten Nikodemus zu nächtlicher Stunde über das Geheimnis der Wiedergeburt (Joh 3); so erzählt er der Frau am Jakobsbrunnen vom Wasser, das nie wieder durstig macht (Joh 4); so verdeutlicht er den selbstgefälligen Gelehrten, wie delikat es doch ist, ein Urteil über die Ehebrecherin zu fällen (Joh 8). Mitunter müssen wir Pläne und Überzeugungen loslassen. Es sind schließlich auch Pläne und Überzeugungen, an denen wir uns festhalten. Der evangelische Theologe und Pastor Dietrich Bonhoeffer musste auf schmerzhafte Weise von seinem Plan, seine Verlobte Maria von Wedemeyer zu heiraten, loslassen. Er hatte sich ja im Januar 1943 als 37-jähriger Mann unerwartet verlobt und wurde am 5. April 1943 inhaftiert. Er hatte stets gehofft, bald wieder frei zu kommen, doch es sollte anders kommen. Dietrich Bonhoeffer sah nie wieder das Licht der Freiheit und wurde noch in den Apriltagen 1945, wenige Tage vor Ende des Zweiten Weltkriegs, hingerichtet. Je länger er im Gefängnis war, desto klarer wurde es Dietrich Bonhoeffer, dass er vielleicht nie wieder frei kommen würde. Aus dem Dezember 1944 stammt der berühmte Text „Von guten Mächten". Bonhoeffer tröstet sich und alle Menschen, die um ihn bangen, mit den Zeilen „Von guten Mächten treu und still umgeben, behütet und getröstet wunderbar – so will ich diese Tage mit euch leben und mit euch gehen in ein neues Jahr". Er weiß wohl um das Loslassen und die damit verbundene Hingabe an den Willen Gottes, der uns dahin führen kann, wo wir nicht sein wollen: „Und reichst Du uns den schweren Kelch, den bittern. Des Leids, gefüllt bis an den höchsten Rand, so nehmen wir ihn dankbar ohne Zittern aus Deiner guten und geliebten Hand". Dieser Text wurde im Gefängnis in einer kleinen Zelle geschrieben; Dietrich Bonhoeffer war schon 21 Monate inhaftiert und sah seine Chancen auf Freiheit zusehends schwinden. Seine Eltern waren betagt und gesundheitlich angeschlagen, seine Verlobte und seine besten Freunde, das Ehepaar Bethge, zitterten um ihn. In diese Situation hinein schreibt Bonhoeffer diesen begnadeten Text, der uns vom Loslassen von Plänen erzählt.

Es gibt unzählige Beispiele von Menschen, die gezwungen wurden, ihre Pläne aufzugeben. Es gibt so viele Beispiele von Menschen, die sich Dinge ausgemalt und vorgestellt haben, vielleicht sogar ihr Leben darauf ausgerichtet haben, und dann kommt alles anders. Wer kennt nicht Geschichten von Menschen, die sich auf den Ruhestand gefreut haben, Pläne für diese Zeit machten und dann diese Zeit nicht mehr erlebten oder nach einer Erkrankung nicht mehr in der Lage waren, die Dinge zu unternehmen? Wer kennt nicht die Geschichten von Menschen, die in ihren Plänen gescheiter sind? In seiner Autobiographie erzählt Mahatma Gandhi immer wieder von seiner Erfahrung, von Gott geführt worden zu sein. Und zwar so sehr, dass die eigenen Pläne immer wieder untergraben wurden: „Man kann sagen, dass Gott es eigentlich nie zugelassen hat, dass sich einer meiner Pläne durchgesetzt hat. Er hat über meine Pläne auf Seine Weise verfügt." Pläne loszulassen hat viel mit der Fähigkeit zu tun, mit Enttäuschungen umzugehen; das fällt uns leichter, wenn wir uns grundsätzlich getragen wissen und ein Grundvertrauen in Gott und in den Gang des Lebens haben; das fällt leichter, wenn wir uns mit den geänderten Verhältnissen anfreunden können und sie auch als „Einladung zum Wachstum" sehen; für den seligen Johannes XXIII., um noch einmal sein Tagebuch zu studieren, war das eine wichtige Lernerfahrung. Wenn etwas nicht nach seinen Plänen oder in seinem Sinne geschah, wenn er mit Widrigkeiten konfrontiert war, bemühte er sich stets, diese Enttäuschungen als Weg zum Wachstum zu sehen: „Ich muß das Kreuz lieben" (JGT 225); ganz besonders augenscheinlich wird diese Grundhaltung in einem Gebet, das er im Frühjahr 1930 niederschreibt: „O mein Jesus, gewähre mir ein hartes, mühevolles, apostolisches Leben unter dem Kreuze" (JGT 234). So ist das Loslassen (etwa Fasten!) ein Weg zum inneren Wachstum, aber auch das Loslassen von sprachlicher Souveränität – Angelo Roncalli, der ja zuerst in Bulgarien, dann in der Türkei und in Griechenland als Gesandter gedient hat, versucht, die entsprechenden Sprachen zu lernen, verleugnet sich auch hier durchaus selbst, weil das anstrengend und oftmals entmutigend ist. Grundlage für das Lösen von Egoismus und selbstsüchtigen Wünschen und für den guten Umgang mit gescheiterten Plänen ist das Gebet. Als päpstlicher Delegat in Bulgarien notiert der mittlerweile zum Bischof geweihte Angelo Roncalli im Jahr 1926: „Die Zeit, die ich für meine Arbeit aufwende, muß im Verhältnis stehen zu der Zeit, die ich dem ‚opus Dei', d. h. dem Gebet widme. Es muß in meinem Leben ein innigeres und stetigeres Gebet vorherrschend sein" (JGT 224). Noch deutlicher als Kardinal: „Mein Tag soll immer vom Gebet getragen sein; das Gebet soll mein Atem sein" (JGT 297); als Papst: „Diese Sicht, dieses Bewußtsein, für alle da zu sein, wird vor allem mein fortwährendes und unaufhörliches tägliches Gebet lebendiger werden lassen" (JGT 311). Aus einem tiefen Inneren kann das „Ja" zum Neuen wachsen.

Auch Carl Lampert, der am 13. November 2011 in Dornbirn seliggesprochen wurde, musste Pläne loslassen. Carl Lampert (1894–1944) war ein Vorarlberger Priester und seit 1939 Provikar der Administratur Feldkirch–Innsbruck. Nach Konflikten mit staatlichen Stellen im Naziregime, gegen das er christliche und kirchliche Interessen verteidigt hatte, wurde er inhaftiert.[3] Im März 1943 schrieb er aus dem Gestapogefängnis Stettin: „In mein Leben und Planen hat die Vorsehung die letzten fünf bis sechs Jahre große Striche gemacht, nun kam der dickste Strich, daher auch der schmerzlichste; – aber wie

---

3 Susanne Emerich (Hg.), Hätte ich nicht eine innere Kraft. Leben und Zeugnis des Carl Lampert. Innsbruck ²2012. Abkürzung „CL".

immer sage ich auch diesmal mein Fiat. ‚Herr, Dein Wille geschehe!' – Dann wird's schon recht sein … wenn's auch noch so wehe tut; – denn alle Trauer wird einmal in Freude gewandelt werden." (CL 49). Es fällt dem seligen Carl Lampert unglaublich schwer, „untätig" im Kerker zu sitzen, während die geistliche und materielle Not im Krieg um sich greift und er dringend gebraucht würde. „Hätte ich nicht eine innere Kraft, so möcht' man verzweifeln an solchem Wahnsinn des Lebens" (CL 50) – diese innere Kraft, die ihn eine klare Mitte im Leben sehen und leben lässt, ermöglicht es ihm, durchzuhalten, von seinen Plänen loszulassen. Er hält sich, wie er selber am 4. Juli 1943 schreibt, an zwei Dingen fest in dieser Schule des Loslassens, am Vorsehungsglauben und am „manchmal geradezu greifbare[n] Fühlen, wie nahe der Herr mir ist" (CL 60). Je mehr ihm die Menschen fehlen, desto mehr wendet sich sein Herz Gott zu. Er erkennt: „Gottes und der Menschen Wege gehen meist nicht gemeinsam" (CL 68), immer wieder sagt er sein „Fiat", sein „Fiat voluntas tua", „Dein Wille geschehe", die mitunter bittere Bitte aus dem Vaterunser. „Vorsehung" und „Vertrauen" werden zwei Begriffe sein, die uns noch beschäftigen werden.

Ein tiefes Beispiel für den Umgang mit gescheiterten Plänen und mit dem Loslassen von Überzeugungen ist das Leben von Sheldon Vanauken (1914–1996). Sheldon Vanauken war ein amerikanischer Universitätslehrer. 1977 veröffentlichte er sein bekanntestes

Buch *A Severe Mercy* („Eine harte Gnade"), in dem er von seiner Frau und ihrer gemeinsamen Freundschaft mit dem englischen Schriftsteller C. S. Lewis erzählt. Als Sohn eines vermögenden Anwalts und Unternehmers, der seinem Sohn auch ein kleines Privatflugzeug schenkte und ihm genügend Geld vererbte, sodass er sich ein Schiff bauen ließ, lernte er in seinem dritten Universitätsjahr die gleichaltrige Jean („Davy") Palmer Davis kennen. Aus dieser Begegnung entstand eine tiefe Liebe, die das ganze Leben der beiden währte. Sie versprachen einander, alles miteinander zu teilen, alles gemeinsam zu lernen, die Welt gemeinsam zu entdecken und zu erforschen – wobei das erwähnte Flugzeug und das erwähnte Schiff gute Dienste leisteten. Sie waren derart aufeinander bezogen, dass sie beschlossen, keine Kinder zu haben. 1937 heirateten sie, beendeten die Universitätsausbildung und reisten viel. Nachdem Sheldon Vanauken 1948 einen Posten am Lynchburg College bekommen hatte, erhielten sie die Möglichkeit, ein Jahr in Oxford zu verbringen. Sie gingen als Agnostiker nach Oxford. Dort trafen sie auf C. S. Lewis. Sie freundeten sich mit einem Kreis junger Christinnen und Christen an – und dann konvertierte Davy zum Christentum. Sheldon folgte ihr, zunächst aber nur halbherzig. In ihre innige Zweisamkeit war mit Gott eine neue Dimension getreten, die diese Zweisamkeit aufsprengte. Sie mussten loslassen von ihrem Ideal eines Lebens in völligem und exklusivem Aufeinander-Bezogensein. Sheldon Vanauken schildert dieses zunächst zögerliche Zugehen auf den Glauben. Sie mussten vorerst verstehen, was es überhaupt heißt, eine Christin oder ein Christ zu sein. Sie beschlossen, die Bücher von C. S. Lewis zu lesen, weil sie durch ihre christlichen Freunde auf ihn aufmerksam gemacht worden waren. Sie lasen Lewis und Chesterton und Kardinal Newman. Und bewegten sich, ohne dass sie das zunächst selbst bemerkten, immer stärker auf den christlichen Glauben zu. Sie hatten viele gemeinsame Erlebnisse mit Christen. Sheldon Vanauken notierte damals in sein Tagebuch: „Das beste Argument für das Christentum sind die Christen: ihre Freude, ihre Gewissheit, ihre Vollständigkeit. Aber das stärkste Argument gegen das Christentum sind auch die Christen." So tasteten sie sich auf dem Weg, eine komfortable Weltanschauung aufzugeben, weiter. Es war ihnen mittlerweile klar geworden, dass die christliche Botschaft wahr sein *könnte*. Und es war ihnen auch klar geworden: Wenn das Christentum die Wahrheit ist, dann ist es die fundamentalste Wahrheit überhaupt und nicht bloß eine neben vielen. Zu dieser Zeit begann Sheldon, auch Briefe an C. S. Lewis zu schreiben, in denen er von seiner Sehnsucht nach dem Glauben („ich würde gerne glauben") erzählte. Sheldon fragte seinen Ratgeber, warum es Gott denn den Menschen so schwer mache, warum er ihnen nicht mehr Klarheit und Eindeutigkeit geben würde. C. S. Lewis antwortete ehrlich, gütig und humorvoll und meinte an einer Stelle, dass sich Sheldon schon im Netz des Heiligen Geistes verfangen hätte. Davy

„sprang" zuerst – sie schrieb, dass sie alles zusammengenommen und in den Glauben gesprungen sei. Sie habe ihr Leben Christus übergeben. Ihr Ehemann war darüber nicht sehr erfreut, weil sich nun Jesus Christus in die innige Beziehung „hineingedrängt" hatte. Einige Monate später hatte der immer noch ringende und hadernde Sheldon die Einsicht, dass er nie wieder in seine komfortable agnostische Position zurückgehen könne. Er würde das Christentum nie mehr als ein wie auch immer hübsches Märchen ansehen können. Er musste es ernst nehmen. Bald darauf sprachen er und Davy ihr erstes gemeinsames Gebet. Sie hatten zwar zusammen einen Weg zurückgelegt, doch Davy für sich und Sheldon für sich. So sind die Gesetze des je persönlichen Glaubens, weswegen wir auch im Glaubensbekenntnis sagen „Ich glaube an Gott" (und nicht „wir glauben an Gott"). Sheldon und Davy ließen langsam von ihrer Weltanschauung ab, so wie man sich Schritt für Schritt bei einer Wanderung vom Ausgangspunkt befreit und immer näher auf ein Ziel zuschreitet. Aber die schwerste Aufgabe des Loslassens sollte noch kommen: Das Ehepaar Vanauken kehrte nach Lynchburg in den Vereinigten Staaten zurück. Im Mai 1954 erkrankte Davy schwer und starb im Januar 1955 im Alter von 40 Jahren, nachdem sie 17 Jahre mit Sheldon verheiratet gewesen war. Hier geschieht der zweite Zusammenbruch von Plänen über gemeinsames Altwerden, Lebenteilen, Glaubenteilen – das gemeinsame Leben kommt zu einem Ende. Und dieses Ende wurde zunächst durch den religiösen Glauben nicht leichter gemacht. Davy hatte keine Glaubensschwierigkeiten, sie empfand ihren Glauben als Halt in den Zeiten der Krankheit und ergab sich dem Willen Gottes. Sie beteten gemeinsam, ihre Liebe zeigte sich als innig und stark. Davy fiel in ein Koma und Sheldon sprach so lange mit ihr und zu ihr, dass er sie „aus dem Koma redete". Das war ein zumindest kleines medizinisches Wunder. Sie hatten ein wunderbares Weihnachtsfest 1954. Und dann ging es bergab. Davy lag im Sterben, Sheldon versprach ihr ewige Treue und ihre letzten Worte waren „Oh, Liebling, schau!". Ihre letzte Geste: Sie berührte das Gesicht ihres Ehemannes mit schwindender und letzter Kraft. Nach den praktischen Dingen, die mit einem Verlust und dem Begräbnis verbunden sind, folgte die Zeit der Trauer. Sheldon nahm sich vor, zu verstehen, warum Davy gelebt hatte und warum sie gestorben war. Sheldon begann, an Gottes Nähe und Güte zu zweifeln. C. S. Lewis versuchte in seinen Briefen, seinen um 16 Jahre jüngeren Freund zu trösten. „Die Verstorbene kann jetzt noch mehr für dich tun", als ob Gott den neu im Himmel Angekommenen ein Geburtstagsgeschenk machen würde. Sheldon haderte mit Gott, beschloss an einem Punkt, Gott zu verwerfen, um dann herauszufinden, dass er Gott nicht verwerfen könne. So sehr war der Glaube Teil seiner Lebensüberzeugung geworden. Er entdeckte seine Ehefrau nach ihrem Tod auf neue Weise, all die Gesichter

Davys, die er gekannt und geliebt hatte, kamen wieder zurück. Er beschrieb für sich den Himmel als „home", als „Zuhause", schrieb einen Text über einen Tag im Himmel mit Davy und auch mit C. S. Lewis. Und er kommentierte diesen Text: „Natürlich wird es nicht so sein. Der Himmel ist unvorstellbar. Aber Himmel ist ein Zuhause. Dessen können wir uns sicher sein." C. S. Lewis schrieb tröstende Briefe, sprach davon, dass Gott ihm eine „harte Gnade" („severe mercy") geschenkt habe – auch um die Eifersucht, die Sheldon gegenüber Gott verspürt habe, zu überwinden; also auch, um ihn im Glauben reifer zu machen. So C. S. Lewis, der diese ehrlichen und durchaus schwer verdaulichen Worte aus seiner Freundschaft heraus äußert. Sheldon Vanauken denkt über diese tiefen Gedanken nach. Sheldon gesteht sich nach längerem ein, dass der Tod seiner Frau ihn so nahe zu Gott gebracht hat, wie nur dieser Tod das habe verursachen können. Sheldon heiratete nie wieder und starb mehr als 40 Jahre nach dem Tod seiner Frau. Zwei Jahre nach Davys Tod hatte er einen bedeutenden, plastischen Traum: Er begegnete Davy in Oxford, zwei Jahre nach ihrem Tod mit dem klaren Bewusstsein, dass sie gestorben war. Sie umarmten einander, er empfand tiefe Dankbarkeit Gott gegenüber und Davy sagte: „Ich kann nicht lange bleiben." Sie setzten sich in diesem Traum auf eine Bank. Davy erklärte ihm, dass sie ihm eigentlich nichts über den Himmel sagen könne, aber dass sie genau wisse, was er mache, und bei ihm sei. Sie saßen in gegenseitigem Verstehen nebeneinander und da erhob sich Davy und ging. Noch im Traum war Sheldon klar, dass er eine Erscheinung gehabt hatte, noch im Traum in all seiner Detailliertheit verarbeitete er die Erfahrung – und wachte dann auf. Der sowohl von seinem Inhalt als auch von seiner Lebendigkeit her bemerkenswerte Traum schenkte Sheldon Vanauken einen Sinn für das Mysterium des Lebens, tiefen Trost und Frieden und auch das Vertrauen darauf, nicht allein zu sein.

Dieses Beispiel erzählt uns etwas von Gottes mitunter schwer begreiflicher Pädagogik – auf eine sehr herausfordernde Weise veranschaulicht das Ringen von Sheldon Vanauken die Wahrheit des paulinischen Satzes: „Wir wissen, dass Gott bei denen, die ihn lieben, alles zum Guten führt" (Röm 8,28). Was das Loslassen von Überzeugungen und Plänen möglich macht, ist vor allem das *Vertrauen*, dass alles zu einem guten Ende geführt wird und nicht das zufällige Spiel von unbekannten Kräften ist. So gesehen ist ein Schlüsselwort für die Kunst des Loslassens: Vertrauen. Wenn wir erfahren dürfen, dass wir unseren Eltern vertrauen dürfen, unseren Freundinnen und Freunden, unserer Partnerin und unserem Partner, unseren Lehrerinnen und Lehrern; wenn wir erfahren haben, dass wir mit einer vertrauensvollen Haltung Gott am nächsten sind – dann kann es uns leichter fallen, das Grundvertrauen in Gott, der trägt, aufzubauen und zu nähren. Menschen, die die Erfahrung von Gebetserhörungen gemacht haben, können daraus auch

Kraft für schwierigere Zeiten gewinnen; im Sinne des schon erwähnten Psalmwortes: „Vergiss nicht, was Gott dir Gutes getan hat." Wie können wir Vertrauen aufbauen? Durch die Liebe. Der Mensch hat Heimweh nach Liebe. Für diese Liebe tragen wir alle gemeinsam Verantwortung, füreinander, miteinander und für das Ganze des persönlichen und des mitmenschlichen Lebens. Wo ist die Liebe? In Betlehem ist sie geboren, Mensch geworden unter Menschen, für die Menschen. Darum ist die Feier der Geburt der Liebe in Betlehem so entscheidend für unser menschliches und christliches Leben. Im Evangelium heißt es: „Ihr wisst, dass die Herrscher ihre Völker unterdrücken und die Mächtigen ihre Macht über die Menschen missbrauchen. Bei euch soll es nicht so sein, sondern, wer bei euch groß sein will, der soll euer Diener sein, und wer bei euch der Erste sein will, soll euer Sklave sein. Denn auch der Menschensohn ist nicht gekommen, um sich dienen zu lassen, sondern um zu dienen und sein Leben hinzugeben ..." (Mt 20,25–28). Jede Erfahrung von Liebe, jede Erfahrung von Dienst, jede Erfahrung von Redlichkeit und Hingabe mehrt das Vertrauen hier auf Erden; und darum sollten wir uns bemühen. Wenn wir es schaffen, an die Liebe zu glauben, können wir alles loslassen: Als sich Jesus, der Auferstandene, zum dritten Mal den Jüngern offenbarte, seit er von den Toten auferstanden war – so berichtet das Johannesevangelium – und nachdem er mit ihnen gegessen hatte, sagte Jesus zu Simon Petrus: „Simon, Sohn des Johannes, liebst du mich mehr als diese?" Dreimal fragt ihn der Herr nach der Liebe, nicht nach anderen Fähigkeiten und Begabungen, sondern einfach nach der Liebe. Und zwar nach der Liebe zu IHM, dem auferstandenen Herrn. Als er ihn zum dritten Mal fragte, wurde Petrus traurig, und die letztgültige Antwort lautet: „Herr, du weißt alles; du weißt, dass ich dich lieb habe." Dann der Auftrag des Herrn: „Weide meine Schafe!" Und Jesus fügt hinzu: „Amen, amen, das sage ich dir: Als du noch jung warst, hast du dich selbst gegürtet und konntest gehen, wohin du wolltest. Wenn du aber alt geworden bist, wirst du deine Hände ausstrecken, und ein anderer wird dich führen, wohin du nicht willst." Johannes kommentiert: „Das sagte Jesus, um anzudeuten, durch welchen Tod er Gott verherrlichen würde. Nach diesen Worten sagte er zu ihm: Folge mir nach!" (Joh 21,15–19) – wir sind geliebte Kinder Gottes und wir werden geführt!

5. Verantwortung und Aufgaben loslassen

Wir halten uns an *Verantwortungen und Aufgaben* fest, die wir immer wieder auch abgeben müssen. Unsere Verantwortungen geben uns Halt und geben unserem Leben auch eine Struktur und eine Bedeutung. Es sagt viel über unser Leben aus, wenn wir den Blick auf das richten, worum wir uns sorgen. Wir sorgen uns um Dinge, die uns wichtig sind; und bestimmte Dinge sind gerade deswegen wichtig, weil wir uns um sie sorgen. Wenn es nichts gäbe, um das wir uns sorgten, wäre unser Leben grau und leer. So hat der eben erwähnte C. S. Lewis in seiner Parabel *Die große Scheidung* (eine Parabel über Himmel und Hölle) die Hölle beschrieben: als einen grauen, nebelhaften Ort ohne Konturen. Die „Strukturen unserer Sorge", also das, was uns wichtig ist, gibt unserem Leben eine Richtung und auch ein Gewicht. Es werden dann bestimmte Dinge wichtiger als andere. Und diese Sorgen geben uns Halt. Es gibt einer Lehrerin Halt, für die Schülerinnen und Schüler Verantwortung zu tragen; es gibt einem Seelsorger Halt, wenn er für die Sorge der Seelen (die man verstehen könnte als die „Stärkung der Lebenszuversicht von Menschen") Verantwortung trägt; es gibt Eltern Halt, wenn sie für Kinder zu sorgen haben. Nun kann dieser Halt wegbrechen und diese Erfahrung von Verlust und Loslassen kann uns tief treffen.

Angst vor dem Verlust von „Status" ist ein Zeichen unserer Zeit; „Status" ist die Position, die wir durch soziale Anerkennung in einer Gesellschaft innehaben. „Statusangst" ist eine Geißel unserer Zeit, die Angst also, den eigenen Status nicht halten (oder nur halten und nicht steigern) zu können. Wir alle kennen Menschen, die nach der Pensionierung eine schwierige Verlusterfahrung durchmachen; wir alle kennen Menschen, denen es ungemein schwerfällt, loszulassen, die dann auch den rechten Zeitpunkt übersehen, eine Verantwortung aus der Hand zu geben. Es ist eine besondere Kunst, im rechten Moment loszulassen – sozusagen zu einem Zeitpunkt, wo es den anderen Menschen noch leidtut, wenn man geht. Wenn die Erleichterung der anderen größer ist als die Trauer, hat man wahrscheinlich den Zeitpunkt übersehen. Es kann sehr schwer sein, eine Verantwortung, etwa durch den Eintritt in den Ruhestand, loszulassen – denn in vielen Fällen ist die „Fähigkeit" ja noch vorhanden, nur die „Zuständigkeit" wurde genommen. Hier stellt sich die Herausforderung, wie man die eigenen Fähigkeiten dennoch in den Dienst der Gemeinschaft stellen kann. Das Loslassen von Verantwortung kann aber auch die schmerzhafte Erfahrung sein, eine Verantwortung nicht mehr wahrnehmen zu können, obwohl sie eigentlich besteht: Wenn Eltern ihre Kinder nicht gut ernähren können, wie das in vielen tausenden Familien auf dieser Erde der Fall ist, dann ist das eine grausame Erfahrung, den Halt, der in der Verantwortung liegt, nicht mehr zu haben. Es ist eine grausame Erfahrung, wenn ein Kind leidet und man den Schmerz nicht lindern kann. Es ist eine grausame Erfahrung, wie sie der inhaftierte vietnamesische Bischof Francis Văn Thuân gemacht hat, wenn du als Priester gebraucht wirst, aber den Menschen nicht beistehen kannst, weil du im Gefängnis bist.

Das Loslassen von Verantwortungen steht uns allen bevor; der amerikanische Psychologe Erik Erikson hat die letzte Lebensphase als jene Phase charakterisiert, in der es um den Grundwert der „Integration" geht; um die Herausforderung, alle Lebensfäden zusammenzubringen und „Ja" zum Leben als Ganzes sagen zu können. Hier muss viel von „tätiger Verantwortung" aufgegeben werden; hier muss es gelingen, das Leben mit einem neuen Schwerpunkt auf das Innere und Immaterielle auszurichten; hier geht es darum, sich nicht mehr über künftige Lebensprojekte, sondern über die Dankbarkeit, über Erfahrenes und einen Horizont der Ewigkeit zu definieren. In dieser letzten Lebensphase geht es auch darum, mit dem Ungeklärten und Unverstehbaren in unserem eigenen Leben zurechtzukommen. Wir müssen lernen, mit dem umzugehen, was uns im Leben unbegreiflich geblieben ist. Wir müssen lernen, auch die Lücken und das, was wir unterlassen haben, nicht auszusparen. Wir sind eingeladen, den roten Faden zu sehen, der durch unser Leben läuft. Hier kann das Bild eines Teppichs helfen: Das Leben ist wie ein Teppich, den wir knüpfen, Tag für Tag. Und während wir knüpfen, sehen wir nur die Fäden, die durcheinandergehen. Am Ende – wenn man den Teppich umdreht – sehen wir das Muster, das sich herausgebildet hat. Es ist ein besonderes Geschenk, im eigenen Leben ein Muster zu sehen, das alles vereint, was unser Leben ausgemacht hat.

Ein Beispiel über eine Verlusterfahrung, die ein Einüben in das Loslassen von Verantwortung notwendig machte, erlebte Jean-Louis Cianni. Cianni hatte als PR-Chef bei einer Fluglinie gearbeitet und war nach deren Umstrukturierung und anschließender Insolvenz arbeitslos geworden. Er war 49 Jahre alt, hatte eine gute Position mit Einfluss und Verantwortung, einen vollen Terminkalender, einen entsprechenden Lebensstandard mit Fernreiseurlauben und allem Komfort. Drei Jahre lang war er arbeitslos und litt unter dem Verlust von Verantwortung, Position, Status. Diese Erfahrung beschreibt er in seinem lesenswerten Buch *Denkpause*.[4] Cianni erlebt die Arbeitslosigkeit als „sozialen Tod". Sein zweites Jahr nach der ungewollten Freisetzung ist für ihn „wie eine unendliche Wüstendurchquerung", mit Einsamkeit und Trugbildern; er sieht sich treiben auf einem „Meer aus Lethargie". Er verwendet das Bild der Unterwelt, „Hades", in dem man umherirrt für diese Zeit der Arbeitslosigkeit. „Ich trauerte um den, der ich einst gewesen war, mit allem, was dazugehört: Leiden, Schwermut, Depression und Erschöpfung" (CD 32). Cianni kämpft nicht nur gegen das Schicksal, sondern auch gegen sich selbst. Er kämpft dagegen an, sich gehen zu lassen, sich nicht mehr zu rasieren, sich nicht mehr ordentlich anzuziehen. Er kämpft gegen den Verlust der Sorgen, die sein Leben strukturierten, und auf einmal wurde alles, wie er schreibt, „verschwommen, grau, unbestimmt" (CD 33). Die Arbeit schenkte Cianni eine Welt mit Gerüchen, Farben und Menschen, mit einem Büro, mit einer Sprache, mit Projekten und Gewohnheiten, mit Ritualen, einem Terminkalender und auch mit Konflikten: „Jeden Morgen eine neue Welt und

---

4 Jean-Louis Cianni, Denkpause. Berlin 2008. Abkürzung „CD".

das Gefühl, mit ihr und in ihr zu leben … Mit der Arbeitslosigkeit kam mir diese Welt abhanden. Und ebenso die Gewissheiten des Alltags" (CD 62). Eine ganze Identität ist zerfallen. Cianni vermisst die Wichtigkeit, die er für andere und für eine Organisation hatte, er vermisst den Einfluss und die Macht. Das Loslassen von der Herausforderung und der Sicherheit des Arbeitsplatzes geht an die Substanz, geht an das Bild, das er von sich selbst hat. „Jetzt, wo ich keine Arbeit mehr habe, wird mir nach und nach klar, was ich damit alles verloren habe: die nötigen Voraussetzungen für das Ausfüllen einer Identität. Räumliche und zeitliche Orientierungspunkte, Rituale, ein finanzielles Auskommen, einen Status, Projekte, Werte" (CD 79). Was Cianni am schwersten trifft, ist der Verlust von Anerkennung. Diese ist meist mit unseren Verantwortungen verbunden; die soziale Anerkennung, die uns andere Menschen schenken, indem sie uns deutlich machen: Du bist für uns wichtig! Cianni leidet darunter, „wie abgeschaltet", nicht mehr nützlich zu sein. Cianni lernt, sich weniger über das „Tun" als über das „Sein" zu definieren; er lernt zu meditieren, philosophische Texte zu lesen, nachzudenken. Er lernt, seine Berufswelt mit ihrer Hetzerei und dem Getriebensein als „Scheinwelt" zu sehen; er erlernt einen neuen Umgang mit der Zeit; er entdeckt eine neue Zeit, eine Zeit des schöpferischen Tätigseins im Nachdenken und Schreiben. Langsam erwacht er aus seiner Niedergeschlagenheit und Schwermut, die sich nach dem erzwungenen Ausscheiden aus der Arbeitswelt einstellten. Er erprobt drei Prinzipien der stoischen Philosophie, die sich auch mit dem Loslassen beschäftigt hat: die „Wachsamkeit" (Aufmerksamkeit auf das Jetzt; den Blick vom Vergangenen abwenden; den Blick abwenden von der verlorenen Position, von leeren Privilegien und der eigenen Enttäuschung); „den ärztlichen Blick" (die Fähigkeit, die Wunden des eigenen Lebens nüchtern wie ein Arzt oder eine Ärztin zu sehen und einer Behandlung zuzuführen); den „Blick aus der Höhe" (den Blick mit Abstand zum Geschehen, getragen von Vorstellungskraft und innerer Weite). Er erkennt vor allem eines: „Das Leiden des Arbeitslosen ist kein Zustand, sondern ein Verhältnis zur Welt und zu den anderen" (CD 224) – es ist im Grunde auch ein Leiden aufgrund der eigenen Einstellungen und vor allem auch aufgrund der eigenen Ängste. Cianni verfolgt die Ängste, die ihn plagen, bis in seine Kindheit zurück. Und macht die befreiende Erfahrung: „Was ich am Leben verlor, gewann ich am Sein" (CD 225). An diesem Beispiel sehen wir die zerstörerische Macht, die der Verlust von Verantwortung und Position haben kann, aber auch die Möglichkeit, sich durch ein Bedenken der Grundeinstellungen zum Leben einzuüben in die Kunst des Loslassens; durch eine Erfahrung von Befreiung kann man wieder Boden unter den Füßen bekommen.

Mit Blick auf das Loslassen von Verantwortung und Status dürfte es vor allem eine bestimmte Tugend sein, die dieses Loslassen möglich macht – die Tugend der *Demut*. Demut ist die Tugend des realistischen Blicks; der demütige Mensch ist der Mensch, der mit beiden Beinen fest auf dem Boden steht; das Wort „humilitas" („Demut") hängt ja mit dem Wort für „Boden" („humus") zusammen. Ein demütiger Mensch hat Bodenhaftung; er sieht die Welt so, wie sie ist. Er kann sich der Wirklichkeit aussetzen. Man könnte es auch anders sagen: Ein demütiger Mensch ist nüchtern und mutig genug, die mitunter schmerzhafte Wirklichkeit so zu sehen, wie sie ist. Er lebt nicht in einer Blase der „Selbsttäuschung". Der Begriff der Selbsttäuschung wird in der Literatur über Führungsethik und Verantwortung immer wichtiger. Ein Mensch stürzt in die Falle der Selbsttäuschung, wenn er sich selbst überschätzt oder unterschätzt, wenn er den Bezug zur Wirklichkeit (also die Bodenhaftung) verliert und wenn ihm die anderen Menschen nicht die Wahrheit sagen – aus Angst oder aus falsch verstandener Rücksichtnahme. Wer in der Selbsttäuschung gelebt hat, unersetzbar zu sein, wird schwer loslassen können; wer in der Selbsttäuschung gelebt hat, dass das Wichtigste im Leben Anerkennung und Macht sind, wird sich schwertun, Verantwortung loszulassen. Das Heilmittel dieser Krankheit der Selbsttäuschung ist die Demut, die man am besten dadurch einübt, dass man lernt, sich so zu sehen, wie man ist; mit all den Schwächen, aber auch mit der Schönheit, ein geliebtes Kind Gottes zu sein. Der holländische Priester Henri Nouwen hat diese Kurzformel des christlichen Glaubens betont. Wenn du dich fragst, wer du bist, lautet eine der tiefsten Antworten: „Du bist ein geliebtes Kind Gottes." Du bist ein Mensch, den Gott gewollt hat, den Gott schon geliebt hat, ehe du warst. Wenn wir die Worte des Propheten Jesaja vertrauensvoll auf uns anwenden, definieren wir uns nicht mehr über „Status" und „Position", sondern über unser Sein. Diese Worte am Anfang des 43. Kapitels bei Jesaja lauten: „Jetzt aber – so spricht der Herr, der dich geschaffen hat ... und der dich geformt hat ... Fürchte dich nicht ... ich habe dich beim Namen gerufen, du gehörst mir. Wenn du durchs Wasser schreitest, bin ich bei dir, wenn durch Ströme, dann reißen sie dich nicht fort. Wenn du durchs Feuer gehst, wirst du nicht versengt, keine Flamme wird dich verbrennen ... Fürchte dich nicht, denn ich bin bei dir!" Wer sind wir? Wir sind geliebte Kinder Gottes, wir sind Geschöpfe. Der englische Erzbischof von Canterbury, Rowan Williams, hat in einem Aufsatz darauf hingewiesen, was es für unser Selbstverständnis heißt, dass wir „Geschöpfe" sind. Wir sind geschaffen, unsere Identität verdanken wir einem Ursprung, der nicht in uns liegt; unsere Identität ist „geschenkt". Dann können wir uns vertrauensvoll über unser „Sein" definieren und sind nicht dazu verurteilt, uns über unser „Haben" oder unser „Tun" zu sehen. Gott ruft jeden einzelnen Menschen, er ruft ihn beim Namen – er hat etwas ganz Besonderes mit jedem Menschen vor. Gott schenkt uns die Vision eines Lebens aus Zuversicht,

Vertrauen und Weite, wenn wir ausgezogen sind aus dem Land von Angst und Resignation. Gott gibt sich uns zu erkennen. Das feiern wir im Weihnachtsfest – die unfassbare Wirklichkeit, dass Gott in seinem Sohn Mensch geworden ist, dass er sich uns zu erkennen gegeben hat als der Gott, der mit uns geht, der als schwaches Kind eintritt in die Conditio humana; dass Gott uns liebt, so sehr liebt, dass er seinen geliebten Sohn hingibt (Joh 3,16). Wiederum geht es darum, an die Liebe zu glauben. Im ersten Johannesbrief, Kapitel 4, Vers 8 und 16 heißt es: „Gott ist die Liebe, und wer in der Liebe bleibt, bleibt in Gott und Gott bleibt in ihm." In diesen Worten ist die Mitte des christlichen Glaubens, das christliche Gottesbild und auch das daraus folgende Bild des Menschen und seines Weges in einzigartiger Klarheit ausgesprochen, so Benedikt XVI. einleitend zu seinem Rundschreiben Deus caritas est. „Am Anfang des Christseins steht nicht ein ethischer Entschluss oder eine große Idee, sondern die Begegnung mit einem Ereignis, mit einer Person, die unserem Leben einen neuen Horizont und damit seine entscheidende Richtung gibt." Die Begegnung mit Christus schenkt die Erfahrung des Geliebtseins jenseits von Position und Status und Rolle. Die Liebe ist nun dadurch, dass Gott uns zuerst geliebt hat (vgl. 1 Joh 4,10), nicht mehr nur ein „Gebot", sondern Antwort auf das Geschenk des Geliebtseins, mit dem Gott uns entgegengeht. Die Kunst des Loslassens fällt so viel leichter, wenn wir uns als geliebte Kinder Gottes sehen dürfen. Dann haben wir es auch nicht mehr nötig, in die Selbsttäuschung zu fallen.

6. Fähigkeiten und Gesundheit loslassen

Es kann eine große Herausforderung sein, *Fähigkeiten* loszulassen. Das betrifft auch unsere *Gesundheit*. Lisa Genova hat in zwei sehr lebendigen Romanen solche Erfahrungen beschrieben. In ihrem Roman *Mein Leben ohne Gestern* beschreibt sie eine Frau namens Alice, eine Psychologieprofessorin, die im Alter von 50 Jahren mit Alzheimer diagnostiziert wird. Zunächst sind es nur kleine Fehlleistungen, ein Wort, das ihr bei einem Vortrag nicht einfällt, eine Notiz, die sie für sich gemacht hat und nicht mehr versteht; als sie sich schließlich auf dem Weg vom Büro nach Hause verirrt, weiß sie, dass etwas Gröberes nicht mehr in Ordnung ist. Sie erhält die Diagnose „Alzheimer". Das bedeutet, dass sie sich auf eine Reise begeben wird, von der sie nicht mehr zurückkommen wird. Ihr Ehemann kann mit ihrer „Bedürftigkeit", wie er es nennt, schwer umgehen. Der Verlust von Fähigkeiten bringt neue Formen des Angewiesenseins mit sich. Ihr Ehemann wehrt sich zunächst gegen die Diagnose, glaubt und hofft, dass ein ärztlicher Irrtum vorliegt („Jeder vergisst Dinge. Ich weiß nie, wo meine Brille ist"). Alice muss ihn überzeugen, dass diese Reise in zusehende Dunkelheit ihr Leben sein wird, dass sie immer mehr und immer mehr vergessen wird, irgendwann vielleicht auch nicht mehr wissen wird, wo sie ist, und möglicherweise einmal ihre Angehörigen nicht mehr erkennen wird. Sie schreibt einen „Brief an sich selbst", einen Brief, den das geistig gesunde Ich an das von Alzheimer erkrankte Ich schreibt. Sie schreibt als Alice in der Gegenwart an Alice in der Zukunft: „Du hast die Alzheimer-Krankheit ... Diese Krankheit kann kein gutes Ende nehmen ... Du hast ein außergewöhnliches und lohnenswertes Leben gelebt. Du und dein Mann John, ihr habt drei gesunde und wundervolle Kinder, die alle geliebt werden und erfolgreich ihren Weg gehen ..." Sie erinnert sich selbst in diesem Brief an die, die sie gewesen ist. Natürlich könnten wir alle diese Übung machen: Uns jetzt hinsetzen und uns einen Brief schreiben, den wir wieder lesen, wenn wir das Ende unseres Lebens erreicht haben. Es kann sogar eine sehr nützliche Übung sein, weil wir uns dann der Zerbrechlichkeit unseres Lebens viel bewusster sind. Alice in diesem Roman jedenfalls muss lernen, loszulassen: Sie muss ihre berufliche Tätigkeit loslassen, weil sie ihr nicht mehr gewachsen ist; sie muss mehr und mehr Haushaltsarbeiten loslassen, weil sie überfordert ist. Sie muss lernen, sich nicht über ihre Tätigkeiten und Erfolge zu definieren, ähnlich wie Jean-Louis Cianni. Es ist eine bittere Lernschule. Sie wird nicht mehr um Rat gefragt, sie wird nicht mehr als Wissenschafterin gebraucht, sie wird nicht mehr für ihre Belesenheit und Klugheit bewundert. Sie muss lernen, sich als geliebter Mensch zu sehen, der in Beziehungen lebt und durch Beziehungen leben kann. Sie macht die Erfahrung, dass manche Freunde mit der neuen Situation nicht umgehen können. An einer berührenden Stelle in diesem Roman erzählt sie anderen Menschen in einem öffentlichen Vortrag, wie es ist, Alzheimer zu haben; wie wichtig es ist, Alzheimer-Patientinnen und Alzheimer-Patienten als Menschen zu sehen und nicht in erster Linie als Kranke – entscheidend ist das Leben in der Gegenwart, entscheidend ist doch das, was bleibt im Leben, nämlich liebevolle Beziehungen, die durch Gesundheit und Krankheit begleiten. Diese Frage „Was bleibt von unserem Leben, wenn wir uns nicht mehr über Fähigkeiten und Gesundheit definieren können?" kann eine wichtige Frage sein, gerade in der Kunst des Loslassens. Der Roman lehrt, dass es im Umgang mit dem Verlust von Fähigkeiten vor allem um zwei Dinge geht: Aufrichtigkeit und Liebe. „Aufrichtigkeit" will sagen, dass ein ehrlicher und offener Umgang mit einer Erkrankung die Lebenssituation viel einfacher macht; „Liebe" will heißen, dass das, was uns im Leben Halt gibt, wenn wir loslassen müssen, die liebevollen Beziehungen sind, die uns als Eltern und Kinder, als Geschwister, als Freundinnen und Freunde, als Nachbarn, als Kolleginnen und Kollegen zusammenbinden. Eine ähnliche Aussage enthält der zweite Roman von Lisa Genova; er trägt den Titel *Mehr als nur ein halbes Leben* und handelt von Sarah, einer bei einer großen Firma als Vizepräsidentin erfolgreich tätigen Ehefrau und Mutter von drei Kindern; sie hat ein hektisches Leben, in dem jede Minute des Tages verplant ist – bei einem Autounfall erleidet sie eine schwere Hirnverletzung und kann ihre linke Körperhälfte nicht mehr steuern. Sie fällt von einem Augenblick zum anderen von einem Leben voller Betriebsamkeit und Verantwortung in das Leben eines pflegebedürftigen Menschen. Sarah lernt den Wert von „Zeit", den Wert von kleinen Dingen des Lebens, auch den Weg von kleinen Erfolgen, die eine Rehabilitation mit sich bringt. Nach langer Therapie erhält sie einen Geschäftsanruf, der mit der Routinefrage beginnt. „Wie geht es Ihnen?" Nun: „Wie geht es mir? Es ist fast Mittag, ich bin im Pyjama, und der stolzeste Augenblick meines Tages wird der sein, in dem ich das Telefon mit meinem Gehstock vor dem sechsten Klingeln abgenommen habe." Aber auch das ist ein Erfolg. Aber natürlich: Es wird nie wieder so sein, wie es war. Dieser Satz „Es ist vorbei" oder „Es wird nie wieder so sein, wie es war" erzeugt bei vielen von uns Angst und ein Gefühl von Niedergeschlagenheit und Ohnmacht. Sarah muss lernen, von ihren Ansprüchen und Anforderungen an sich selbst loszulassen; sie war stets eine Perfektionistin und kann sich diese Lebenseinstellung nun nicht mehr leisten. In die Geschäftswelt, in der man sie beunruhigt und mitleidig ansieht, kann sie nicht mehr zurück. Sie erhält tatsächlich ein Angebot, steht an der Schwelle, um wieder in ihr vermeintlich altes Leben zurückzukehren. Doch sie entschließt sich, abzulehnen. Denn sie kann sich ehrlich und gut einschätzen – sie ist den beruflichen Anforderungen nicht mehr gewachsen; sie kann nur mehr langsam lesen und schreiben, sie hat Mühe, ihre Bewegungen zu koordinieren. Sarahs Ehemann bewegt sich „auf der feinen Linie zwischen Optimismus und Leugnen", will nicht wahrhaben, dass der gewohnte Lebensstandard nicht gehalten werden kann, dass das Leben nie wieder so sein wird wie vorher. Gegen Ende des Romans sagt Sarah an einer Stelle: Seit Schulabschluss „habe ich mich immer ins Zeug gelegt, immer mit voller Kraft voraus, habe mich jeden Tag bis zum Umfallen verausgabt, stets nur ein einziges Ziel vor Augen: ein erfolgreiches Leben". Nun muss sie von Grund auf umdenken. Sarah muss ihren Beruf loslassen, es wird nicht mehr so sein wie vor dem Unfall. Sie ist nun auf einen Gehstock angewiesen, hat die Ansprüche eines in der Mobilität eingeschränkten Menschen. Sarahs Sohn prügelt sich mit einem anderen Buben, der Sarah als „dummen Krüppel" bezeichnet hat. Die Familie muss sich auf ein neues Leben einstellen, verkauft das Haus in der prestigereichen Gegend und der teuren Stadt und fängt ein neues Leben an. Sie vermisst viel, Wunden bleiben, aber sie gewinnt auch viel, an Freiheit, an Zeit, an neuen Freundschaften, an Ruhe, an Natur. Kein Verlust ist nur ein Verlust – es ist stets auch der Gewinn von etwas Neuem dabei; jeder Abschied ist stets auch ein Neuanfang. Aber der Weg von einem stabilen Zustand, der „nicht mehr" ist, bis zu einer tragfähigen Situation, die „noch nicht" ist, dieser Weg ist schmerzhaft.

Der amerikanische Anthropologe Victor Turner hat solche Erfahrungen, nach einem Verlust an der Schwelle zu einem neuen Leben zu stehen, „Liminalität" genannt. Wir brauchen Rituale, um solche Schwellensituationen bewältigen zu können. Firmungen, Hochzeiten, Taufen, Begräbnisse sind solche Rituale, die uns beim Überschreiten helfen. Entscheidend ist die demütige Grundhaltung: Es wird nicht mehr so sein wie vorher; es wird anders sein; aber es wird auf andere Weise Gutes bergen. Diese Erfahrung des Loslassens nach einem Schlaganfall, nach einer Herzoperation, nach einem Sportunfall machen viele Menschen. Aufrichtigkeit und ein Blick auf das, was im Leben trägt, sind immer noch die wichtigsten Begleiter auf diesem Weg. Es kommt auch ein wenig darauf an, was man unter „Gesundheit" versteht. Gesundheit, so wird heute manchmal vorgeschlagen, ist weniger ein „Zustand" („Gesundheitszustand") als die Fähigkeit, mit den eigenen Möglichkeiten und Beschränkungen gut umgehen zu können. So gesehen kann ein kurzsichtiger Mensch, wenn er die geeignete Brille hat, gut mit der Kurzsichtigkeit umgehen; so gesehen kann ein Mensch, der nach einer Operation nur mehr langsam gehen kann, gut damit umgehen, wenn er mehr Zeit einplant. Der Körper ist ja nach unserem Verständnis nicht einfach eine Maschine, die wir mit unserem Gehirn steuern, sondern unser Leib ist Teil unseres ganzen Seins. In der Philosophie unterscheidet man manchmal zwischen „Körper" und „Leib"; Leib ist unser körperlich verfasstes „In-der-Welt-Sein"; wenn jemand klein gewachsen ist, dann gehört das zum Dasein; wenn jemand blind oder gehörlos ist, so ist das Teil der besonderen und einzigartigen Weise, in der dieser Mensch Mensch ist. „Gesundheit" ist dann ein Ausdruck dessen, was man „Selbstsorge" nennen könnte, einen guten Umgang mit sich selbst. Guter Umgang mit sich selbst hat auch mit der Fähigkeit zu tun, sich selbst mit wohlwollenden Augen zu betrachten, die auch mit dem Unvollkommenen leben können.

Das Loslassenkönnen im Älterwerden ist eine besondere Herausforderung. Gerade in einer Gesellschaft, die in der Werbung, in den Medien immer wieder die Jugend als Ideal herausstellt, ist es eine besondere Herausforderung zu fragen: Welchen Sinn hat mein Leben im Alter? Worin besteht meine Zukunft? Worin besteht überhaupt der Sinn meines Lebens? Zu diesen Fragen hat die Kirche naturgemäß einen besonderen Auftrag, Rede und Antwort zu stehen. Sie muss stets und immer wieder daran erinnern, dass Menschen nicht an ihrer „Leistungsfähigkeit" gemessen werden dürfen, was ihren Wert angeht. Papst Johannes Paul II. hat im Januar 2004, bereits schwer gezeichnet von seiner Krankheit, eine Botschaft an die Teilnehmer des internationalen Symposiums „Würde und Recht von geistig behinderten Menschen" gesandt. Er hat in dieser

Botschaft unmissverständlich klargestellt, dass auch ein Mensch mit einer schweren geistigen Behinderung eine „vollkommen menschliche Person mit den gleichen heiligen und unantastbaren Rechten, die jedem menschlichen Wesen eigen sind", ist. Er hat weiters daran erinnert, dass ein Mensch mit einer Behinderung uns veranlasst, „mit Achtung und Weisheit über das Mysterium des Menschen" nachzudenken. Und: „Je mehr man sich in den dunklen und unbekannten Bereichen der menschlichen Realität bewegt, umso besser versteht man, dass sich gerade in den schwierigsten und besorgniserregenden Situationen die Würde und Größe des Menschen zeigt". Diese Erinnerungen an Achtung, an Weisheit, an Mysterium und einen Sinn für menschliche Größe sollten uns zu denken geben – als Einzelne und als Gesellschaft. Denn auch als Gesellschaft sind wir gefordert. Eine Gesellschaft, in der nur voll einsatzfähige Mitglieder Platz fänden, wäre eine menschenunwürdige Gesellschaft. Johannes Paul II. hat in der zitierten Botschaft auch deutlich gesagt: „Leistungsbedingte Diskriminierung ist nicht weniger verwerflich als die aufgrund der Rasse, des Geschlechts oder der Religion." Auch dieses Wort von der leistungsbedingten Diskriminierung muss meditiert werden. Solche Herabsetzung kann dadurch stattfinden, wenn wir eine Zweiklassengesellschaft schaffen, sozusagen eine leistungsbedingte Apartheid, die Menschen einteilt in Leistungsträger und Leistungsempfänger. Es wäre naiv zu glauben, dass dies nicht in vielen Bereichen geschieht. Die schwedische Autorin Ninni Holmqvist hat in ihrem Debütroman *Die Entbehrlichen* eine Gesellschaft beschrieben, die ihre Angehörigen klar einteilt in nützliche und unnütze Mitglieder. Nützliche Mitglieder sind solche, die einen guten Arbeitsplatz und Kinder haben; die anderen sind unnütz. Diese werden dann gezwungen, ihren Beitrag zur Gesellschaft zu leisten, indem sie an medizinischen Experimenten teilnehmen und auch Organe spenden. Ein schauriges Bild! Aber es ist nicht von der Hand zu weisen, dass wir Menschen auf solche Weise einteilen.

Beim Loslassen von Fähigkeiten und Gesundheit sind wohl drei Dinge ganz entscheidend: Ehrlichkeit und Aufrichtigkeit – den Mut zu haben, ehrlich zu sein und den Satz „Es wird nie mehr so sein wie vorher" auch aussprechen können; zweitens Humor. Humor ist die Fähigkeit, mit dem Unvollkommenen umzugehen. Ein Mensch, der über sich selbst lächeln oder lachen kann, tut sich leichter im Loslassen; drittens: die geistliche Einstellung, von jeder Lebensphase auch in Demut Gutes zu erwarten. So wie wir sagen, dass jeder Mensch wichtig ist und gewollt, dass jeder Mensch auf seine Weise etwas über das Menschsein erzählt, so können wir auch sagen, dass jede Lebensphase wertvoll ist. Paulus hat ein schönes Bild verwendet – das Bild des einen Leibes mit den vielen Gliedern; er hat davon geschrieben, dass wir einen Leib bilden, der aber viele Glieder hat, die alle ihre je eigene Aufgabe haben. Es war auch Paulus, der sich seiner Schwachheit rühmte, wenn ich das noch hinzufügen darf, denn diese seine Schwachheit schaffte in ihm Raum für das Wirken Gottes. „Ich bejahe meine Ohnmacht, die ich für Christus ertrage. Denn wenn ich schwach bin, bin ich stark" (2 Kor 12,10). Deswegen sollen wir eine besondere Achtung vor diesen Räumen haben, in denen Gott in besonderer Weise wirken kann. Und deswegen wollen wir es einander leichter machen, „Ja" zu sagen zu den Schwächen, die wir tragen. Wenn wir das Gute erwarten, das auch nach einem Unfall, einer Krankheit, im Alter auf uns wartet, dann sind wir einen Schritt weitergekommen in der Kunst des Loslassens.

7. Schuld und Verbitterung loslassen

Viele von uns kennen die Belastung, die davon ausgeht, wenn man einem anderen Menschen etwas nachträgt. Es ist schwierig, *Schuld* und Verbitterung loszulassen und zu verzeihen. Der amerikanische Theologe Robert Schreiter hat an einer Stelle geschrieben, dass das Verzeihen eigentlich das Maß dessen, was einem Menschen möglich ist, übersteigt. Verzeihen – das ist nur mit Gottes Hilfe möglich. Und es gibt unglaubliche Beispiele für das Loslassen, das im Verzeihen liegt. Wir haben alle beim Prior der Mönche von Tibhirine gesehen, welche Kraft aus dem Verzeihen entspringt. Er hatte ähnlich wie der heilige Stephanus für seine Mörder gebetet. Stephanus ist uns ein großes Beispiel im Verzeihen. Er bittet für die Menschen, die ihn grausam steinigen: „Herr, rechne ihnen diese Sünde nicht an" (Apg 7,60). Und warum konnte er das sagen? Weil er den Himmel offen sah. So wird es beschrieben. Jesus selbst hat als Gekreuzigter gebetet: „Vater, vergib ihnen, denn sie wissen nicht, was sie tun" (Lk 23,34). Wir können vergeben, wenn wir mit Gottes Hilfe über das Sichtbare hinausblicken können; wenn wir auf Gott hinschauen. Wir können vergeben, wenn uns klar wird, was in der Seele eines Menschen vorgeht oder schon zerstört wurde, damit ein Mensch fähig ist, bestimmte grausame Taten zu tun. Verzeihen wird uns möglich, wenn wir den Himmel offen sehen, wenn wir die sichtbare Welt als Gleichnis für etwas Unsichtbares ansehen können. Es gibt unglaubliche Beispiele für Vergebung.

Da ist das Zeugnis der Schwestern ten Boom. Die niederländische Christin Cornelia (Corrie) ten Boom wurde gemeinsam mit ihrer Schwester Betsie und ihrem Vater während des Zweiten Weltkriegs inhaftiert, weil die Familie in ihrem Haus jüdische Mitbürgerinnen und Mitbürger versteckt hatte. Sie waren denunziert worden, kamen in Haft, in der der Vater bald verstarb, die damals 52-jährige Corrie kam gemeinsam mit ihrer Schwester Betsie ins Konzentrationslager Ravensbrück nach Deutschland. In ihrem weltbekannten Buch *Die Zuflucht* hat Corrie ten Boom Zeugnis von ihrer Geschichte abgelegt.[5] Die

---

[5] Corrie ten Boom, Die Zuflucht. Wuppertal ²⁵1972. Abkürzung: „BZ".

Kraft zum Verzeihen rührt von der angesprochenen „gleichnishaften Sicht der Welt" her. Ein Mensch, der aus dem Glauben heraus lebt, sieht „anders", sieht auf das Innere, sieht auf den größeren Zusammenhang, sieht auf das Unsichtbare. Betsie ten Boom lehrt die gleichnishafte Sicht. Betsie sorgt sich etwa um das Innere der Aufseherinnen. Corrie schreibt: „Ich sah eine graue Uniform und eine Mütze mit Schirm; Betsie dagegen sah einen zerstörten Menschen" (BZ 175). Corrie zerbricht fast am Wissen um die Bosheit des Mannes, der die Familie verraten hat. Betsie bleibt, als beide herausfinden, wer die Familie ins Unglück gestürzt hat, ruhig; auf die Frage, ob sie sich denn nicht gräme, antwortet Betsie: „Sehr! Seit ich seinen Namen erfahren habe, habe ich mich immer um ihn gegrämt – und bete für ihn jedes Mal, wenn ich an ihn denke. Wie furchtbar muß er leiden!" (BZ 180). Betsie sieht also als „Bürgerin zweier Welten" das Außen des Beobachtbaren verbunden mit dem verborgenen Innen, das Außen bedeutungsvoll und gewichtig gemacht durch das Innen. Unerschütterlich halten Corrie und Betsie am Glauben an die Liebe als die stärkste Kraft der Welt fest; sie halten fest am Vertrauen auf die Vorsehung und auf Gottes Zeitplan (BZ 223). Sie bemühen sich, den Blick auf die Mitte, auf Christus zu richten. Dieser feste Blick auf ein Zentrum und eine Mitte gibt auch in den schwersten Momenten Kraft, etwa als Betsie von einer Aufseherin blutig geschlagen wird: „Sieh nicht hin, Corrie. Sieh nur auf Jesus" (BZ 204). Aus diesem Blick auf die Mitte wächst das

Verzeihen. Betsie kann verzeihen, weil sie das Sichtbare als ein Gleichnis für das Unsichtbare sieht. Betise kann verzeihen, weil sie durch die Bosheit der Taten durchsieht, weil sie sieht, wie viel ein Mensch an Schaden bereits genommen haben muss, wenn er anderen schadet. Dies erinnert auch an Desmond Tutus Sicht der Dinge. Der langjährige anglikanische Erzbischof von Kapstadt, Friedensnobelpreisträger wegen seines Einsatzes zur Überwindung des südafrikanischen Apartheidregimes und Vorsitzender der Wahrheits- und Versöhnungskommission, hatte einen Lieblingsbegriff: „ubuntu". „Ubuntu" heißt so etwas wie „Menschlichkeit" und „Menschsein", aber im Sinne von: „Ich bin Mensch, weil du Mensch bist und wir in Beziehung leben". Auf diesem Begriff hatte Bischof Tutu sein Engagement in der Wahrheits- und Versöhnungskommission aufgebaut, die ja einen Versöhnungsprozess in Gang bringen wollte. Die Grundidee war: Wenn ein Mensch einen anderen Menschen grausam behandelt, erniedrigt, foltert, tötet – dann erniedrigt der Täter sich selbst. Die Opfer müssen dem Täter helfen, wieder seinen Sinn für seine Würde zu finden. Das ist „ubuntu". Und das ist die Macht des Verzeihens. Auch das ist eine gleichnishafte Sicht der Dinge. Corrie ten Boom selbst schafft es nach dem Krieg, einem Peiniger von Ravensbrück in einer persönlichen und unerwarteten Begegnung in München zu vergeben. Man kann sich den Kraftaufwand vorstellen, den es kostet, jemanden, der persönlich und direkt Unrecht und Schaden zugefügt hat, von der Last der Schuld freizusprechen und auch diese Last nicht mehr selbst zu tragen. In den Kriegsjahren hat Corrie ten Boom viel Wissen um Leid, das Menschen zugefügt wurde und das sich Menschen angetan haben, gesammelt. An manchem Wissen können Menschen traumatisiert zerbrechen. Corrie erinnert sich an einen Hinweis ihres eigenen Vaters an den Vater im Himmel, als sie einmal besonders mit der Last dieses Wissens zu kämpfen hat: „Und plötzlich fiel mir Vaters Antwort auf schwierige Fragen ein. ‚Manches Wissen ist zu schwer … Man kann es nicht tragen … Dein Vater wird es für dich tragen, bis du es vermagst'" (BZ 163). Sie sieht eine ungeheure Grausamkeit, „solche Grausamkeit ging über jedes Begreifen, war eine zu schwere Last. Himmlischer Vater, trag sie für mich!" (BZ 174).

Vergeben geht vielfach über menschliche Kräfte und ist auch harte Arbeit. Emmanuel Ndayisaba hat diese Erfahrung gemacht, wie Didier Habimana von der Organisation „World Vision" in einem Bericht erzählt. Emmanuel ist Angehöriger des Stammes der Hutu in Ruanda und hat im Genozid am Stamm der Tutsis eigenhändig vierzehn Menschen getötet. Nach dem Krieg quälte ihn sein von christlichem Glauben getragenes Gewissen. Er gestand sich ein, dass er kein guter Diener Gottes gewesen war, zeigte sich selbst bei den Behörden an und verbrachte sechs Jahre im Gefängnis. Danach traf er bei einem Seminar über Versöhnung mit Alice zusammen. Alice ist Tutsie; bei einer brutalen Attacke auf ihr Dorf am

29. April 1994, als sie sich aus Angst bereits in den Sümpfen versteckte und regelrecht gejagt wurde, wurde ihre neun Monate alte Tochter getötet und Emmanuel Ndayisaba, der Teil der Hutu-Truppen war, schlug der wehrlosen Frau eine Hand ab und zerschnitt ihr Gesicht. Durch den Krieg verlor Alice hundert Mitglieder ihrer Familie, eine große Narbe bedeckt ihr Gesicht, sie hat nur eine Hand. Emmanuel bat Alice um Vergebung. Sie schaffte es nicht; er flehte sie an, kniete vor ihr, zeigte ihr seine Reue und seine Buße. Sie schaffte es nicht. Sie rang mit sich; Emmanuel bat drei Mal um Vergebung, beim dritten Mal bekam sie die Kraft dazu, auch deswegen, weil ihr Ehemann ihr dazu Mut machte. Nun arbeiten Emmanuel und Alice beide in der Versöhnungsarbeit. Sie folgen dabei einem Wort von Alan Paton, dass man erst dann geheilt werden kann, wenn man vergeben hat. Schuld loszulassen, befreit.

Das Loslassen von Schuld braucht Kraft, die uns Gott geben kann; eine besondere Gnade liegt im Bußsakrament, das uns losbinden kann von den Fesseln unserer Schuld. Umkehr bleibt eine der Grundhaltungen christlichen Daseins. Wie oft sollen wir vergeben? Sieben Mal? Sieben mal siebzig Mal! Immer wieder! Dankbar dürfen wir darum wissen, dass Gott unserem Elend entgegenkommt und uns die Last der Sünden abnimmt im Sakrament der Versöhnung. Umkehr, die Versöhnung, die Vergebung sind die Voraussetzung, damit wir Gemeinschaft mit Gott und den Menschen haben. Darin erfahren wir Befreiung,

Heilung und Heil, den offenen Himmel. Der Schlüssel zum Vergeben liegt in einer gleichnishaften Sicht der Welt – wenn wir es ein klein wenig schaffen, die Welt mit Gottes Augen zu sehen. Es ist ja auch unsere Grundüberzeugung, dass Gott ohne Ausnahme mit jedem Menschen verbunden ist. Die Aufgabe der Kirche ist es, Gott größer zu denken, Gott zur Sprache zu bringen und vor allem, persönlich die Offenheit und Aufmerksamkeit für den Moment Gottes in unserem Leben zu bewahren, „denn" – so hat es der evangelische Theologe Heinz Zahrnt einmal ausgedrückt – „wo Gott nicht mehr ist, da ist auch der Mensch nicht mehr". Und wenn wir uns an Gott erinnern, dann sehen wir leichter hinter dem Sichtbaren eine unsichtbare Wirklichkeit, die uns trägt und prägt.

8. Geliebte Menschen loslassen

Menschen geben uns Halt; wir leben in Beziehungen und durch Beziehungen. Man kann das Leben eines Menschen mit einem Zelt vergleichen, in dem jede gute Beziehung ein Zeltpflock ist, der dem Zelt Halt verleiht, der das Zelt verankert. Zu den schwersten Aufgaben im Leben eines Menschen gehört es wohl, *Menschen* loszulassen – wenn eine Freundschaft oder Partnerschaft zerbricht, wenn ein Angehöriger dement wird, wenn ein geliebter Mensch stirbt, aber auch wenn die Kinder erwachsen werden und das Elternhaus verlassen oder auch wenn ein Betrieb einen Mitarbeiter gehen lassen muss. Schon in den frühen Ordensregeln beschäftigen sich die Mönche mit der Frage nach der guten Entlassung. Zunächst muss der Abt, wie es zum Beispiel in der Regel des Benedikt steht, wie ein Arzt vorgehen, mit besonderer Rücksicht auf die schwierigen Mitbrüder. Er muss sie hegen und pflegen und Arzneien anwenden. Aber es kann der Punkt kommen, wo ein Mönch aus der Gemeinschaft entlassen werden muss, weil er sonst die ganze Gemeinschaft zerstört (Nummer 28). Das ist aber ein langer Weg und bis dahin weiß der Mönch genau, warum er nicht bleiben kann. Auch Ignatius von Loyola widmet sich der Frage der guten Entlassung. Für ihn ist klar: Wenn man in Fragen der Aufnahme entsprechend sorgfältig und streng vorgegangen ist, wird man dies auch in der Frage der Entlassung sein müssen; wenn sich jemand bereits verdient gemacht oder Fähigkeiten gezeigt hat, wird es schwieriger sein, ihn zu entlassen. Die gute Entlassung hat mit „kluger Liebe" zu erfolgen; das Wohl der Gemeinschaft ist über das Wohl des Einzelnen zu stellen. Das Wohl der Gesellschaft wird etwa dort gefährdet, wo jemand ein schlechtes Beispiel gibt. Bevor es freilich zu einer Entlassung kommt, sind die Mittel von Mahnung und Zurechtweisung einzusetzen. Wenn sich jemand als unverbesserlich erweist, ist es besser, ihn zu entlassen. Die gute Entlassung findet sich systematisch im dritten Kapitel des zweiten Hauptteils der Satzungen entfaltet – Ziel der guten Entlassung ist es, ein „Mehr an Zufriedenstellung vor dem Herrn" zu erzielen, sowohl mit Blick auf den Entlassenen als auch mit Blick auf den Entlassenden und die verbleibende Gemeinschaft. Es geht also darum, dass alle näher zu Gott kommen; halten wir einmal fest: Ein guter Abschied ist ein Abschied, der den Menschen näher zu Gott bringt. Entscheidend ist es deswegen bei einer guten Entlassung, auch Gründe zu nennen, gute Rechenschaft. Es ist darauf zu achten, dass der Entlassene ohne Beschämung und Schimpf aus dem Haus gehen kann, dass er in möglichst großer Liebe zum Haus und getröstet im Herrn gehen kann, also mit einem geordneten Inneren. Auch die Hausgemeinschaft soll dem Entlassenen gegenüber nach Möglichkeit ohne schlechte Meinung verbleiben, sie mögen ihm Mitgefühl erweisen. Hier haben wir schon ein paar erste Hinweise auf das Loslassen von Menschen – lass Menschen auch gehen! Entscheidend ist es, dass durch den Abschied ein „Mehr an Gottesnähe", ein „Mehr an Gottesliebe" erzielt wird.

Loslassen kann es auch heißen, wenn eine Freundschaft oder eine Ehe zerbricht. Auch hier ist der Grundgedanke der ignatianischen „Theologie der Entlassung" wegweisend, der Grundgedanke nämlich, dass wir den anderen „lassen" können ohne Verbitterung, ihm „Wohl wünschen" und „Wohl zusagen" („bene-dicere", also: segnen). Wenn es uns gelingt, den Menschen, den wir loslassen, zu segnen, haben wir guten Abschied genommen, haben wir auf gute Weise Abschied genommen. Das wird im Buch Genesis in einer bedeutenden Situation geschildert, im Ringen Jakobs mit dem Engel (oder dem Ringen Jakobs mit Gott: Gen 32): Jakob ringt mit dem Engel die ganze Nacht und wird dabei auch verwundet, hinkt von nun an, weil an der Hüfte getroffen. Jakob muss Abschied nehmen, hält sich aber noch an seinem Gegner, mit dem er gerungen hat, fest und sagt: „Ich lasse dich nicht los, wenn du mich nicht segnest" (Gen 32,27). Dieser Segen schenkt den guten Abschied. Schaffen wir es, die Menschen, die wir loslassen müssen, zu segnen? Das ist natürlich ein langer Weg. Jakob ringt, wie es heißt, „die ganze Nacht". Schaffen wir es, Frieden zu schließen mit dem Zerbrechen einer Freundschaft, einer Partnerschaft? Hier haben wir es mit Enttäuschung, Trauer, Wut, Schmerz, oftmals auch einem Gefühl, hintergangen und gedemütigt worden zu sein, zu tun. Hier müssen wir oftmals auch einen „Lebensplan", eine Vorstellung, wie das Leben aussehen könnte, loslassen. Das braucht Zeit. Und diese Zeit muss auch da sein. Die Haltung des Wohl-Wollens kann einen gesegneten Frieden schenken, der auch Enttäuschung heilen kann.

Eine andere Form des Loslassens von Menschen ist der Abschied von einem Menschen, „wie wir ihn kannten". Es tut weh, einen geliebten Menschen aufbrechen zu sehen in ein Land, in dem wir ihm nicht mehr folgen können – etwa wenn ein Mensch nach einem Schlaganfall seine Sprachfähigkeit verliert oder wenn ein Mensch nach einem Schicksalsschlag oder nach einer Behandlung seine Persönlichkeit verändert. Wie haben bereits gesehen, dass Alzheimer und

Demenz Abschied erfordern. Der österreichische Schriftsteller Arno Geiger hat in seinem bekannten Werk *Der alte König in seinem Exil* seinem Vater ein Denkmal gesetzt.[6] Ein Kind erlebt den Verfall des Vaters. Das fällt schon einmal schwer, weil Kinder daran gewohnt sind, dass die Eltern stark sind. Zu Beginn der Krankheit, als die Diagnose noch nicht erfolgt ist, reagiert der Sohn mit Zurückweisung: „Meine ganze Kindheit lang war ich stolz gewesen, sein Sohn zu sein. Jetzt hielt ich ihn zunehmend für einen Schwachkopf" (GK 23). Es ist bitter, Zeuge einer unaufhaltsamen Verwandlung zu sein: „Es ist, als würde ich dem Vater in Zeitlupe beim Verbluten zusehen. Das Leben sickert Tropfen für Tropfen aus ihm heraus. Die Persönlichkeit sickert Tropfen für Tropfen aus der Person heraus" (GK 12). Der Vater verliert das Gefühl der Geborgenheit in der Welt, das Gefühl für Vertrautheit, das Vertrauen in Leben und Welt. „Mich erschreckte jedes Mal, wie verwundbar er wirkte, wie verlassen. Er hatte sich verändert, sein bedrückter Gesichtsausdruck sprach nicht mehr von der Verzweiflung darüber, vergesslich zu sein, sondern von der tiefen Heimatlosigkeit eines Menschen, dem die ganze Welt fremd geworden war" (GK 55). In dieser Verlorenheit wächst das Angewiesensein auf andere. Mit fortschreitender Erkrankung steigt die Abhängigkeit. „Der Vater war jetzt nicht mehr in der Lage, den Alltag ohne Gefahren für sich selbst zu bewältigen.

---

6 Arno Geiger, Der alte König in seinem Exil. München 2011. Abkürzung „GK".

Ohne die Fürsorge anderer wäre er verloren gewesen" (GK 63). Diese Verlorenheit zeigt sich an allen Ecken und Enden, auch im Elementarsten: Der Vater sitzt vor einem Stück Brot und weiß nicht, was er damit anfangen soll. Die Krankheit ist unumkehrbar, der Verfall schreitet voran. Das Leben hat dem Menschen eine Niederlage zugefügt, eine Wunde, von der er sich nicht mehr erholen wird. Arno Geiger erkennt, „dass es einen Unterschied macht, ob man aufgibt, weil man nicht mehr will, oder weil man weiß, dass man geschlagen ist. Der Vater ging davon aus, dass er geschlagen war" (GK 8). Diesen Punkt, an dem wir uns geschlagen geben müssen, weil die Spuren des Alters nicht mehr kaschiert werden können, erreichen viele Menschen – ohne Zeitpunkt und Umstände vorhersagen zu können. Arno Geiger muss Abschied nehmen von seinem Vater, wie er ihn kannte. Das tut weh. Das rechte Loslassen von Eltern hat viel mit dem vierten Gebot zu tun, das uns aufträgt, Vater und Mutter zu ehren. Wir erweisen unseren Eltern die Ehre, wenn wir sie, nachdem wir selbst erwachsen geworden sind – „in starken und in schwachen Tagen" – begleiten und diese Begleitung als selbstverständlichen Teil unserer Lebensverantwortung sehen. Zu dieser Verantwortung kann es auch gehören, loszulassen; in der rechten Weise Abschied zu nehmen.

Zu den schmerzhaftesten und grausamsten Schicksalsschlägen gehört es wohl, wenn Eltern ein Kind loslassen müssen. Diese Erfahrung musste Michael Schophaus, ein deutscher Journalist, machen.[7] Sein zweijähriger Sohn Jakob erkrankte an Krebs, an dem er knapp zwei Jahre später starb. Er hat „die Geschichte eines viel zu kurzen Lebens" in einem berührenden Buch *Im Himmel warten Bäume auf dich* erzählt. Er erzählt von den Hoffnungen und dem Kampf um das Leben, von Tränen und Verzweiflung, aber auch von Freude und geteiltem Leben, von Liebe und inniger Verbundenheit. Nach sechshundert Tagen erlebter Krankheit starb Jakob. Die Ärztin vergoss selbst Tränen, der Pfarrer kam und sprach ein Vaterunser, dem die Eltern und Jonas, der Bruder Jakobs, stumm zuhörten. „Ich nahm Jakob und legte ihn in den Sarg. Meine Frau bettete ihm sein Spielzeug hinein, schob ihm noch ein Büchlein unter den Kopf und streute rote Rosen über seinen Leichnam. Wir nahmen Abschied, denn der Sarg sollte nicht mehr geöffnet werden. Martina sprach ihm noch einmal sein kleines Gedicht zum Schlafengehen vor, so wie sie es immer tat am Abend, ich küßte ihm die kalte Stirn" (SH 16). Das Begräbnis war kurz und ergreifend. In der Kirche hatte Jakobs Tante eines seiner Lieblingslieder auf der Gitarre gespielt, „Au clair de la lune". Der Schmerz bleibt, wie ein Dorn im Fleisch. „Eine Wunde, die sich zwar schließt, aber nur mühsam eine Narbe hinterläßt. Denn die Lücke bleibt, sie klafft und schmerzt" (SH

---

[7] Michael Schophaus, Im Himmel warten Bäume auf dich. Zürich ⁴2002. Abkürzung „SH".

144). Das Grab gibt wenig Trost, „nur wenn ich tief in diese Erde greife, in die Erde, die uns trennt, die nach Regen dampft und staubt an trockenen Tagen, spüre ich ihn wieder. Dann lasse ich das Schwarze unter den Fingernägeln, damit auch jeder sieht, daß ich bei meinem Sohn war" (SH 142). Abschied von einem geliebten Menschen ist eben nicht vergleichbar wie das Schließen eines Buches, nachdem man es gelesen hat; er ist nicht vergleichbar mit der Unterschrift, die man unter einen Brief setzt, wenn er beendet ist; er ist nicht vergleichbar mit der letzten Schraube, die noch angezogen werden muss, ehe das Bücherregal fertig zusammengebaut ist. All die Träume der Eltern, die Wünsche und Hoffnungen auf ein schönes, erfülltes Leben als Familie sterben mit dem Sohn. Er geht viel zu früh. Dieser Abschied ist wie eine Wunde, die bleibt. Und diese Wunde ist auch eine Wunde des Nichtwissens, eine Wunde, die aus der Unfähigkeit herrührt, keine Antwort auf die Frage „Warum?" geben zu können. Am Ende des Buches sind noch Berichte enthalten, von der Erzieherin, dem Psychologen, dem Pfarrer, der Ärztin. Die Ärztin berichtet vom mutigen Schritt der Eltern, Jakob zum Sterben heimzuholen. Und mit der Demut leben zu müssen, nichts mehr für ihn tun zu können; aber gerade dadurch noch so viel möglich zu machen, durch eine gute Begleitung auf dem letzten Weg. Der Pfarrer berichtet von der Wunde des Nichtwissens, das auch die Seelsorge nicht schließen, aber doch in ein „Pallium" des Trostes ummanteln kann: „Die Krankensalbung ist ein Zeichen dafür, daß Christus uns auch im Leid nicht alleine läßt, sie ist Stärkung des Glaubens und eine Segnung des Lebens. Um diese Stärkung zu erbitten, fragte ich die Familie um Erlaubnis, Jakob die Krankensalbung zu spenden. Sicherlich wird mit Worten niemand erfassen können, wie und ob dieses Sakrament gewirkt hat, ich glaube aber fest daran, daß es eine große Bedeutung hat. ‚Wie unergründlich sind seine Entscheidungen und wie unerforschlich seine Wege', heißt eines der Worte Gottes" (SH 160). Wie unergründlich sind Gottes Entscheidungen, wie unerforschlich seine Wege! Wir können sie nicht durchschauen; wir können aus diesem Nichtwissen, wenn wir es vertrauensvoll in Gottes Hände legen, aber auch Kraft schöpfen. Es ist tröstlich, nicht alles verstehen zu müssen. Es ist tröstlich, nicht alles verstehen zu können.

Was bleibt, stiftet die Liebe. Daran müssen wir uns festhalten. Paulus schreibt im Brief an die Kolosser: „Die Liebe ist das Band, das alles zusammenhält und vollkommen macht" (Kol 3,14). Darum ist die Verbundenheit mit unseren lieben Verstorbenen durch die Liebe die Beziehung, die auch über den Tod hinaus trägt. Das ist eine tröstliche Wahrheit. Dies ist letztlich auch der Grund, warum wir viele Zeichen der Aufmerksamkeit und der liebenden Verbundenheit zu unseren Verstorbenen setzen. Damit hängen natürlich auch viele Fragen zusammen, welche die Begleitung der Sterbenden, die Begräbniskultur und den weiteren Umgang mit dem Gedächtnis der Verstorbenen betreffen. In diesen Tagen wurde auch vielfach die Friedhofskultur in den Medien angesprochen. Letztlich geht es immer darum, welche Würde der Mensch hat als Sterbender und als Verstorbener, und wie sehr und wie lange die Würde der Menschen im lebendigen, liebevollen Gedächtnis bewahrt wird. Eine Kultur, die das Gedächtnis ihrer Verstorbenen schnell und oft auch radikal auslöscht, ist auch keine Kultur des Lebens mehr. Zeichen der Aufmerksamkeit und der liebevollen Verbundenheit sind das Licht, die Blumen, die Inschriften und die Pflege des Ortes der Bestattung. Vor allem aber ist das Gebet eine lebendige Brücke zu den Heimgegangenen, die über Gott zu den Verstorbenen und auch zu uns führt. Die Kirche gedenkt in jeder Eucharistiefeier der Verstorbenen vielfach auch namentlich und stellt sie damit unter das Kreuz der Erlösung, des Todes und der Auferstehung Jesu Christi. Das ist der sicherste Ort, wo wir unsere Toten in Gottes Frieden einbergen und zugleich in lebendiger Verbindung mit uns behalten dürfen. Hören wir das Requiem von W. A. Mozart, das am besten im Zusammenhang der Feier der Eucharistie zur großen Fürbitte wird, für die, denen er dieses Werk gewidmet hat. Wir werden damit hineingenommen in die Klänge, Harmonien und das Geheimnis des Himmlischen Jerusalem, das uns alle erwartet. Trost finden wir im Abschied von lieben Menschen in den Worten der Schrift, die uns eine Sprache geben, gerade wenn wir wortlos geworden sind, und in zeichenhaften Handlungen, in Ritualen, in Sakramenten.

So sind wir, die wir Menschen loslassen müssen, nicht zur Untätigkeit verurteilt. Wir können uns mit zeichenhaften Handlungen stärken und immer wieder den Blick auf die Quelle aller Hoffnung richten. Gerade die Heilige Schrift findet hier Worte für uns, wenn wir sprachlos geworden sind. Beim Propheten Jesaja heißt es: „An jenem Tag wird der Herr der Heere auf diesem Berg für alle Völker ein Festmahl geben. Er zerreißt auf diesem Berg die Hülle, die alle Nationen verhüllt, und die Decke, die alle Völker bedeckt. Er beseitigt den Tod für immer. Gott, der Herr, wischt die Tränen ab von jedem Gesicht ... An jenem Tag wird man sagen: Seht, das ist unser Gott, auf ihn haben wir unsere Hoffnung gesetzt, er wird uns retten" (Jes 25,6a–9). Im Johannes-Evangelium lesen wir: „Euer Herz lasse sich nicht verwirren, glaubt an Gott, und glaubt an mich! Im Hause meines Vaters gibt es viele Wohnungen ... Ich gehe, um einen Platz für euch vorzubereiten. Und wohin ich gehe – den Weg kennt ihr. Thomas sagte zu ihm: Herr, wir wissen nicht, wohin du gehst. Wie sollen wir dann den Weg kennen?" (Joh 14,1–5) – man sieht, auch für die Apostel war vieles noch unklar und verhüllte sich im Geheimnis – „Jesus sagte zu ihm: Ich bin der Weg und die Wahrheit und das Leben!" (Joh 14,6). Der Himmel ist offen, der Weg dahin ist uns gewiesen. Aber wie können wir mit denen, die uns vorangegangen sind, in lebendiger Beziehung bleiben? Wir können jedenfalls nicht so tun, als ob sie in den totalen Tod weggestorben wären. Die Verbindung, die der Geber allen Lebens im Netz der Verwandtschaft, der Freundschaft, der Verbundenheit im Glauben, in der Hoffnung, vor allem aber in der Liebe geknüpft hat, bleibt. Es widerstrebt unserem natürlichen Empfinden, dass das Leben, das in Liebe empfangen, geboren, begleitet, miteinander gelebt wurde, sich auf einmal in die vollständige Beziehungslosigkeit auflösen sollte. Im Hohen Lied der Liebe heißt es in der Bibel: „Stark wie der Tod ist die Liebe … auch mächtige Wasser können die Liebe nicht löschen – auch Ströme schwemmen sie nicht weg. Böte einer für die Liebe den ganzen Reichtum seines Hauses, nur verachten würde man ihn" (Hld 8,6–7).

Besonderen Trost für das Loslassen von Menschen können wir in einer strahlenden Bibelstelle finden, in der Erzählung von der Verklärung des Herrn (Mk 9,2–10). Jesus wird vor den Augen von Petrus, Jakobus und Johannes zum verklärten Herrn; Jesus wurde vor ihren Augen verwandelt, sein Gesicht leuchtete wie die Sonne, und seine Kleider wurden blendend weiß, wie das Licht. Sehr verständlich, dass Petrus das Wort ergriff und sprach: „Herr, es ist gut, dass wir hier sind. Wenn du willst, werde ich hier drei Hütten bauen, eine für dich, eine für Mose und eine für Elija." Diese Bibelstelle ist auch eine Erinnerung an die Kraft unseres Gottes, der die Welt, wie wir sie kennen, verklären kann; wir haben vorhin von der gleichnishaften Sicht der Welt gesprochen; eben diese Verklärung erfolgt durch eine solche Sicht. Jesus, so werden wir in dieser Stelle erinnert, ist Mensch auf Erden, aber nicht „von dieser Welt". Er steht in einer Tradition, die mit Elija und Mose angesprochen ist, und begründet diese Tradition doch neu. Der Augenblick ist schön, es ist eine Erfahrung von „Geborgenheit" und „Heimkommen". Es ist eine Erfahrung von Heimat. Kein Wunder, dass Petrus drei Hütten bauen möchte; er will festhalten, was er loslassen muss, er will in Bleibendes verwandeln, was vorübergeht. Es ist ein kraftvoller Satz, den Petrus hier spricht: „Es ist gut, hier zu sein." Dieser Satz, gesprochen in der Gegenwart des verklärten Herrn, ist auch der Satz, den wir sprechen dürfen, wenn wir uns in der Gegenwart des Auferstandenen wissen. Es ist der Satz, der uns „Ja" zum Leben sagen lässt; es ist der Satz, der uns Heimat in Christus schenkt, auch wenn wir uns fernab von den Menschen befinden; es ist der Satz, der Dankbarkeit ausdrückt. Wir sollten immer wieder innehalten und diesen Satz sagen. Auch in der Geschichte von Jakob, der vor seinem 4. Geburtstag an Krebs starb, ist dieses „Ja" zum Leben ausgedrückt. Jakobs Vater wehrt sich gegen die Gleichgültigkeit vieler Menschen: „Schau hin, hätte ich dann gerufen, schau ganz genau hin, hier kämpft ein braver Meter Mensch, seit Wochen, seit Monaten, seit Jahren mit der Geduld eines Engels darum, daß der Himmel gefälligst warten möge! Hier liegt mein Sohn Jakob mit Geschwüren im Bauch und in der Backe, und trotzdem erfreut er sich an allen schönen Gelegenheiten, die ihm das bißchen Leben bietet" (SH 7f). Hier ist Lebensfreude ausgedrückt. Petrus ist erfüllt von dieser Lebensfreude, als er sagt „Es ist gut, hier zu sein!". Er sagt diesen Satz, nachdem er von Jesus geführt worden ist, er sagt diesen Satz nach einer wohl längeren und auch anstrengenden Wanderung. Er sagt diesen Satz, nachdem er eine besondere Berufung bekommen hat, ausgewählt wurde, gemeinsam mit Jakobus und Johannes den Berg mit Jesus zu erklimmen. Er sagt diesen Satz, nachdem ihm Besonderes geschenkt wurde, eine Erfahrung der Verklärung, die eine noch tiefere Beziehung zu Jesus öffnet. Petrus will diesen Augenblick festhalten, aber die Erfahrung schwindet – sie schwindet aber erst, nachdem Petrus noch eine Erfahrung geschenkt bekommen hat, die Erfahrung der Offenbarung Gottes. Petrus wird – eine Schule des Loslassens! – in seinen Erwartungen und Plänen durchbrochen; hier ist von Furcht die Rede, von der Furcht vor dem Fremden und Nichtverstehbaren; die Erfahrung wird durchbrochen von der mächtigen Wolke, die – ein tiefes Bild! – ihren Schatten auf die Jünger wirft, die das Licht sehen und die Stimme hören, aber selbst im Schatten sind und verstummen. Eine Stimme aus der Wolke rief: „Das ist mein geliebter Sohn, an dem ich Gefallen gefunden habe; auf ihn sollt ihr hören." Jesus, der Verklärte, rührt die Ängstlichen an, ermuntert sie, aufzustehen, nimmt die Angst von ihnen. Eine Erfahrung von Auferweckung wird hier ausgedrückt. Und darin kann der Trost liegen, wenn wir Abschied von lieben Menschen nehmen müssen, wenn wir Menschen loslassen müssen. Wir glauben und hoffen, dass unsere lieben Verstorbenen nun mit auf dem Berg sind, um die Herrlichkeit Gottes schauen zu dürfen. Wir, die Zurückgebliebenen, blicken ihnen nach, mit Wehmut und Sehnsucht zugleich.

9. Das eigene Leben loslassen

Das eigene *Leben* loszulassen. Für jeden Menschen kommt die Stunde; es ist der letzte Weg in diesem Leben, der Weg über die Schwelle, die dieses Leben von jenem Leben, auf das wir hoffen, trennt. Der Tod ist für uns Menschen vermutlich das Einzige, das uns alle gleich betrifft, und letztlich todsicher ist. Aber ist der Tod das Ende? Ist der Tod wirklich der Tod von allem? Ist das Leben auf dieser Erde das ganze Leben? Wie steht es mit dem Leben nach dem Leben? Es ist schon erstaunlich, wenn bei schnellen Umfragen auch Christinnen und Christen Zweifel an einem Weiterleben nach dem Tode zum Ausdruck bringen und manche sogar sagen, für sie sei dieses irdische Leben alles. Es fragt sich dann schon, welche Bedeutung die Aussagen der biblischen Offenbarung bezüglich Sterben, Tod, Auferstehung und ewiges Leben überhaupt noch haben. Dass vieles im Geheimnis bleibt, was das Leben nach dem Leben betrifft, ist nicht zu leugnen. Aber dass Gottes

Verheißungen überhaupt keinen Wahrheitsgehalt und keinen Wirklichkeitswert mehr haben sollten, ist für unseren christlichen Glauben undenkbar. Das Loslassen vom eigenen Leben kann aber auch mit einer Grundhaltung der *Offenheit* leichter fallen. Wir dürfen uns schon eine gewisse Neugierde und Spannung eingestehen – wie wird es sein, Gott von Angesicht zu Angesicht zu begegnen? Was wird mit unserer Leiblichkeit geschehen? Was wird uns Gott über das Leiden in der Welt offenbaren, das wir so schwer verstehen? Werden wir auch erkennen, wie Gott selbst mit diesem Leiden zurechtkommt? Was wird mit dieser wunderbaren Schöpfung geschehen, und der Welt, wie wir sie kennen?

Wir leben aus dem Glauben an das Leben, auch an jenes, das kein Ende kennt. Der Blick auf die frühesten Kulturen und auf die großen Weltreligionen, denen wir heute im Alltag nahezu auf Schritt und Tritt begegnen, zeigt, dass das Weiterleben des Menschen über den Tod hinaus eine wichtige Lebensperspektive ist und für den Einzelnen und die Gemeinschaft der Menschen großes Gewicht hat. Die Überzeugung vom Leben nach dem Leben verbindet uns mit ihnen, auch wenn das Gottesbild und die Vorstellungen vom Weiterleben und von der Vollendung des Lebens unterschiedlicher Art sind. Immer begegnet uns darin auch die Tatsache, dass irgendwie eine Reinigung, ein Ausgleich durch Gerechtigkeit und Versöhnung mit der Gottheit, mit sich selber, mit den Mitmenschen und mit der Schöpfung erfolgen muss.

Im Lukasevangelium gibt es eine wunderschöne Stelle über das Loslassen des eigenen Lebens. Es ist Simeon, von dem gesagt wird: „Er war ein gerechter und frommer Mann und wartete auf die Rettung Israels, der Heilige Geist ruhte auf ihm" (Lk 2,25). Der Heilige Geist war es auch, der ihn in den Tempel führt – gerade dann, als die Eltern Jesu ihren Sohn hineinbrachten, um ihn dem Herrn zu weihen. Und dann sagt Simeon diese wunderbaren Worte, die jeden Abend im Nachtgebet der Kirche gebetet werden: „Nun lässt du, Herr, deinen Knecht, wie du gesagt hast, in Frieden scheiden. Denn meine Augen haben das Heil gesehen, das du vor allen Völkern bereitet hast, ein Licht, das die Heiden erleuchtet, und Herrlichkeit für dein Volk Israel" (Lk 2,29–31). Nun kann Simeon getrost loslassen, von seinem Leben, vom Warten auf das Erfüllen der Verheißung, er hat den Heiland gesehen, er hat damit erfahren, dass die Verheißung wahr ist, dass es ein Leben des Volkes über ihn hinaus gibt, dass Gott treu ist und dass er nun getröstet und gestärkt zu Gott heimkehren kann. Simeon lebt in einer Haltung der Erwartung und des Vertrauens; dieses Vertrauen wird erfüllt. Er lebt aus dem Heiligen Geist und dieser Heilige Geist führt ihn. So kann er „in Frieden" gehen. Das ist ein großes Geschenk. Er kann auch deswegen in Frieden gehen, weil er die Gewissheit hat, dass es gut für sein Volk weitergehen wird, dass Gott mit dem Volk ist. Simeon hat aber auch die Autorität eines Menschen, der loslässt, der an der Schwelle steht, die dieses Leben vom Leben dereinst trennt; mit dieser Autorität schenkt er den Eltern Jesu eine Verheißung. Diese Verheißung ist tief und lässt sie staunen, sie ist aber auch schmerzhaft (er sagt Maria voraus, dass ihr „ein Schwert durch die Seele" dringen wird). Die Verheißung erzählt wieder, dass Heil und Erlösung eng neben Schmerz und Leid liegen. Und er sagt damit auch, dass Jesus die Menschen zu einer Entscheidung einlädt, sie müssen sich festlegen, können nicht einfach so weiterleben. Es heißt in dieser Stelle auch: Die Gedanken vieler Menschen sollen durch Jesus offenbar werden – sie müssen sich also entscheiden; an der Beziehung zu Jesus zeigt sich, wie jemand im Leben steht. Aber wir können festhalten: Das Loslassen vom eigenen Leben wird leichter, wenn wir in Frieden sind; wenn wir uns vom Heiligen Geist führen lassen.

Der große Lehrer des Loslassens ist freilich Jesus Christus. Wenn wir uns die Evangelientexte vor Augen führen, sehen wir, dass Jesus immer wieder und von Anfang an losgelassen hat, sein ganzes Leben ein Leben des Loslassens war. Jesus hat seine *Göttlichkeit* losgelassen. Das drückt in unüberbietbarer Weise der Philipperhymnus aus: „Jesus war Gott gleich, hielt aber nicht daran fest, wie Gott zu sein, sondern er entäußerte sich und wurde wie ein Sklave und den Menschen gleich. Sein Leben war das eines Menschen; er erniedrigte sich und war gehorsam bis zum Tod, bis zum Tod am Kreuz. Darum hat Gott ihn über alle erhöht und ihm den Namen verliehen, der größer ist als alle Namen" (Phil 2,5–9). Jesus hat von seinem „Seinsstatus" losgelassen – warum? Aus Gehorsam und Liebe. Die wichtigsten Grundlagen des Loslassens sind der Gehorsam in den Willen Gottes und die Liebe zu Gott und den Menschen. Das Wort „Gehorsam" ist heute nicht einfach; es will jedoch hier schlicht ausdrücken, dass ein Leben im Gehorsam ein Leben ist, das sich in den Willen Gottes fügt und den Willen Gottes sucht. Auffallend ist, dass für das Loslassen gleich zwei Hinweise gegeben werden – Jesus „hielt nicht fest" und „Jesus entäußerte sich". Dann sehen wir im Philipperhymnus, dass das Loslassen mit Konsequenzen für Dasein und Leben verbunden ist. Und dann sagt der Philipperhymnus noch ganz deutlich, dass das Loslassen mit einem Zuwachs, einem „Mehr" verbunden ist; mit einem Erhöht-Werden. Diese Erfahrung, dass „Weniger" zu einem „Mehr" führen kann, machen viele Menschen, die sich auf den Weg des Loslassens begeben. Es ist ein Motiv, das auch in der Mahnung zum Ausdruck kommt: „Wer sich selbst erniedrigt, wird erhöht werden" (Lk 18,14; Mt 23,12). Ein Loslassen von Ansprüchen (dem Anspruch, ein Gerechter zu sein; dem Anspruch, ein Lehrer zu sein) führt zur Erhöhung. Das „Loslassen vom Seinsstatus" sehen wir auch im Evangelium von der Fußwaschung. Jesus durchbricht Erwartungen an den Status, den er hat; er lässt *Privilegien*, die seinem Stand als Rabbi entsprechen, los und handelt als Diener der Jünger. Jesus lässt *Heimat und Familie* los. Das zeigt sich bereits in der Szene mit dem zwölfjährigen Jesus im Tempel. Jesus befreit Sünderinnen und Sünder von ihren Lasten, er lässt *Sünden* los. Erinnern wir uns an Hannah Arendts Einsicht: Wir sind in unserem Zusammenleben auf das Verzeihen angewiesen, auf die Vergebung der Schuld, weil wir sonst stets in den unheilvollen Konsequenzen unseres Tuns verstrickt wären. Ergreifend ist die Begegnung mit der Ehebrecherin im achten Kapitel des Johannesevangeliums. Jesus lässt auch *Vorschriften* und Gebote los; er setzt sie in einen Kontext des Dienstes und der Menschenfreundlichkeit. Die Bergpredigt erzählt uns von der Neudeutung von Geboten. Am Ende seines Lebens sehen wir, wie Jesus sein Leben loslässt. In besonderer Weise tritt uns Jesus als Meister des Loslassens und Abschiednehmens in den Abschiedsreden im Johannesevangelium entgegen. Hier finden wir die tröstenden Worte, die er seinen Jüngern zuspricht. Er erzählt ihnen von dem, was bleibt, auch wenn die Situation sich von Grund auf ändern wird; er erzählt ihnen von dem Aufbruch zu Neuem, der mit dem Kommen des Heiligen Geistes möglich wird; er erzählt ihnen von der Bedeutung der innigen Verbindung („Bleibt in mir, dann bleibe ich in euch"; Joh 15,4), die auch über den sichtbaren Tod hinausgeht. Jesus erzählt von der Kraft der Liebe, die über den Tod hinausgeht. Und er schenkt ihnen die Verheißung der Wiedervereinigung: „Noch eine kurze Zeit, dann seht ihr mich nicht mehr, und wieder eine kurze Zeit, dann werdet ihr mich sehen" (Joh

16,16). Dann das kraftvolle Wort: „Ich werde euch wiedersehen; dann wird euer Herz sich freuen und niemand nimmt euch eure Freude" (Joh 16,22). Die Abschiedsreden schließen mit einem Gebet – Jesus lässt seine geliebten Jünger mit einem Gebet los, in dem er sie dem Vater im Himmel anvertraut. Jesus lässt auch in der Sterbestunde seine Mutter los – in einer ergreifenden Szene übergibt er als Gekreuzigter seine Mutter dem Jünger Johannes, weiß damit beide durch einander getröstet und weiß seine Mutter in Obsorge. Wir lesen: „Als Jesus seine Mutter sah und bei ihr den Jünger, den er liebte, sagte er zu seiner Mutter: Frau, siehe dein Sohn! Dann sagte er zu dem Jünger: Siehe, deine Mutter! Und von jener Stunde an nahm sie der Jünger zu sich" (Joh 19,26–27). Das ist ein sehr schönes Beispiel für die Sorge bis zum Ende, für das „Gehen in Frieden", das dann gelingen kann, wenn die Lebensangelegenheiten auch geregelt sind, wenn die geliebten Menschen, die man zurücklassen muss, versorgt sind. Das eigene Leben loszulassen ist vor allem auch eine Einladung, geliebte Menschen loszulassen. So lernen wir viel und Tiefes aus dem Johannesevangelium. Es ist eine sehr wertvolle Übung, sich die Abschiedsreden Jesu langsam und gründlich durchzulesen, die Stellen zu meditieren.

II. Geschichten und Wege

Manche von uns, die sich in den Dienst stellen und das eigene Leben in Gottes Hände legen wollen, kennen vielleicht die Erfahrung eines ungläubigen Erzitterns: Das ist es, was du von mir verlangst? Oftmals führt uns Gott auf Wegen, die wir uns nicht ausgesucht hätten, und er hält uns länger dort, als uns lieb ist. Immer wieder machen Menschen die Erfahrung, dass sich Pläne nicht verwirklichen lassen. Immer wieder machen Menschen die Erfahrung, dass sie von Ideen loslassen müssen. Eine Ehefrau erfährt von ihrem Mann, dass er sie verlassen will; ein Ehepaar bereitet sich auf Karrierewege vor, dann werden sie Eltern eines schwer behinderten Kindes; ein Mann nimmt ein verlockendes berufliches Angebot an und wird kurz darauf mit einer schweren Krankheit diagnostiziert; eine Familie muss mittragen, wie ein Familienmitglied nach einem Unfall ins Koma fällt; eine Frau verliert den Arbeitsplatz, kurz nachdem ein Kredit aufgenommen wurde; eine Familie verliert durch ein Hochwasser das Haus. Wir alle wissen – zumindest oberflächlich –, dass unsere Angelegenheiten fragil sind, dass sich unser Leben von einem Augenblick zum anderen von Grund auf verändern kann. Da stellt es sich ein, das ungläubige Fragen: Ist es das, Herr, was du von mir verlangst?

Wir wollen vier Wege des Loslösens betrachten, bei Menschen in die Schule des Loslassens gehen, die von lieben Dingen Abschied nehmen mussten. Wir wollen gelebte und erlittene, wahre und echte Geschichten vom Loslassen ansehen. Denn am meisten lernen wir, wenn wir bei Menschen in die Schule gehen, die uns zeigen, dass ein Weg möglich ist. Wir beginnen diesen Unterricht für uns alle, indem wir bei Petra Kuntner, einem Südtiroler Mädchen, in die Schule des Lebens gehen.

Petra Kuntner

Petra Kuntner lebte von 1970 bis 1986. Als zwölfjähriges Mädchen wurde sie von großen Schmerzen geplagt, die zunächst nicht geortet werden konnten. Das war, wie sie selbst schreibt, die schwerste Zeit. Am schlimmsten waren die Worte „Alles Einbildung", die ein Arzt zu ihr sprach. Sie hatte furchtbare Schmerzen und die Ärzte fanden nichts. Dann wurde im Zuge einer Polypenoperation der Tumor entdeckt und ein Krebsleiden diagnostiziert, das vom Nasen-Rachen-Raum ausgehend über Arme und Füße auf den ganzen Körper übergriff. Kurz nach Vollendung ihres 16. Lebensjahres starb Petra Kuntner am 26. Mai 1986. Das katechetische Amt der Diözese Bozen-Brixen hat ein schmales Büchlein *Spuren eines jungen Lebens* herausgebracht, in dem wichtige Momente von Petra Kuntners Leben zusammengefasst sind: Tagebuchnotizen, Zeugnisse, die Mitschrift eines Gesprächs mit Schülerinnen und Schülern einer Krankenpflegeschule.[8] Petra hielt sich an Gott fest: „Du stehst in deines Herren Hand und wirst darin stehen bleiben", schreibt sie in ihr Album. Petra wollte Medizin studieren, Ärztin werden, heiraten, Kinder bekommen. Nach und nach wurde klar, dass diese Pläne und Hoffnungen nicht Wirklichkeit werden würden. Im Gespräch in der Krankenpflegeschule erzählt sie von der Kraft, die sie aus ihrem Glauben schöpfte: „Daß man einfach jemanden hat, auf den man seine Sorgen schmeißen kann! … vor allem durch die Krankheit geht es in die Tiefe, weil man dann etwas losläßt, und man braucht dann etwas Festes, woran man sich klammern kann; und dieses Feste kann man auf dieser Welt nicht finden, da muß man weiter greifen, weiter ausgreifen …" (SL 21). Diese Worte drücken in aller Schlichtheit das Geheimnis von Loslassen und Halt aus: Wenn wir etwas verlieren, dann müssen wir loslassen; und wenn wir loslassen, fallen wir und brauchen etwas zum Festhalten. Und dieser Halt muss von etwas kommen, das nicht wieder zerbrechlich ist. Festhalten am Glauben, das hat vor allem mit dem Beten zu tun. Petras Lieblingspsalm, den sie sich am Krankenbett immer

---

[8] Alfred Frenes (Hg.), Spuren eines jungen Lebens. Furth bei Landshut. Abkürzung „SL".

wieder vorlesen ließ, war der Psalm 103. „Lobe den Herren, meine Seele, und vergiß nicht, was er dir Gutes getan hat", lesen wir da. „Der dir all deine Schuld vergibt, und all deine Gebrechen heilt, der dein Leben vor dem Untergang rettet und dich mit Huld und Erbarmen krönt, der dich dein Leben lang mit seinen Gaben sättigt; wie dem Adler wird dir die Jugend erneuert." Der Psalm erinnert uns daran, dass alles in Gottes Händen liegt. „Wie ein Vater sich seiner Kinder erbarmt, so erbarmt sich der Herr über alle, die ihn fürchten. Denn er weiß, was wir für Gebilde sind; er denkt daran: Wir sind nur Staub. Des Menschen Tage sind wie Gras, er blüht wie die Blume des Feldes. Weht der Wind darüber, ist sie dahin; der Ort, wo sie stand, weiß von ihr nichts mehr. Doch die Huld des Herrn währt immer und ewig für alle, die ihn fürchten und ehren."

Dieser Psalm schenkte Petra Kuntner und wohl auch denen, die mit ihr diesen Psalm gebetet haben, Kraft – die Kraft, „Ja" zur Krankheit zu sagen und loszulassen. Manchmal ließ sie sich diesen Psalm dreimal hintereinander vorlesen. Petra betete viel, sie betete mit dem Vertrauen auf Mt 7,7: Bittet, dann wird euch gegeben. Sie betete in furchtbaren Schmerzen und machte die Erfahrung, gehalten und getröstet zu sein. Oder wie sie es in der Krankenpflegeschule erklärte: „Wenn ich manchmal so furchtbare Schmerzen gehabt habe und nichts mehr geholfen hat, wenn ich mich nicht mehr rühren konnte vor Schmerzen und ganz verkrampft war ... da hatte ich das Gefühl, daß eine unendliche Liebe mich umgibt, und daß eine große Kraft in meine Seele hineinströmt" (SL 25). Petra tröstete sich mit dem Gedanken, dass der liebe Gott ihre Schmerzen schon brauchen wird können, dass Er schon wisse, was hier geschieht. Im April 1986, wenige Wochen vor ihrem Tod, erzählt sie den Krankenpflegeschülerinnen und -schülern: „Ich bin jetzt Gott sei Dank soweit, daß ich diesem meinem Leben einen Sinn geben kann, ich bin froh, daß dieses mein Leben so war, und ich möchte diese Jahre nicht missen, obwohl ich diese Jahre nicht noch einmal durchstehen möchte. Und wenn ich z. B. heute in der Nacht sterben sollte, so wäre ich recht zuversichtlich. Im Lichte der Ewigkeit sieht dies alles recht positiv und wertvoll aus!" (SL 29).

Diese Blickweise – von der Ewigkeit her das Leben zu betrachten – gibt die Kraft des Loslassens von all den Träumen und Plänen, die mit diesem Leben und dieser Welt verbunden sind. Petra hatte immer weniger Hemmungen, von Tod und Sterben zu sprechen. Sie erfreute sich an der Stelle aus dem ersten Korintherbrief: „Wir verkündigen, wie es in der Schrift heißt, was kein Auge gesehen und kein Ohr gehört hat, was keinem Menschen in den Sinn gekommen ist: das Große, das Gott denen bereitet hat, die ihn lieben" (1 Kor 2,9). Sie begann, sich auf das Sterben zu freuen. „Ich hoffe, so gelebt zu haben, daß Er mich jederzeit holen kann" (SL 39). Sie lebte mehr und mehr aus dem Vertrauen in die gütige Vorsehung Gottes und aus der Überzeugung: „Wenn nicht passiert, was ich wünsche, passiert das, was besser ist" (SL 25). Im April 1986 schrieb Petra Kuntner mit schon unsicherer Hand ihren letzten Brief an eine krebskranke Mitpatientin: „Ihr Schutzengel ist aber sicher mit Ihnen gefahren und eine bessere Begleitung können Sie sich bestimmt nicht wünschen. Vergessen Sie nie in Zuversicht und Glauben an Ihn, den Herrn zu denken und Ihn zu loben ... Ich bete fest für Sie und auch für Ihren Mann, daß Sie das Kreuz, welches Sie tragen müssen (dürfen), in Liebe und Geduld auf sich nehmen" (SL 45).

Petra Kuntner, die vom Kreuz als etwas spricht, das man tragen „dürfe", antwortete einmal auf die Frage ihres Klassenlehrers, der sie im Krankenhaus besucht hatte, wann sie denn gelernt habe, mit der Krankheit irgendwie umzugehen: „Seitdem ich für die Krankheit gedankt habe" (SL 47). Das ist ein Satz, den man nur in der ersten Person äußern kann. Aber ein tiefer Satz, denn Dankbarkeit als Grundhaltung ermöglicht das Sich-Einlassen auf die Vorsehung Gottes und das Loslassen von dem, was wir selber wollen. Petra lehrt uns viel über die Kunst des Loslassens. Sie ging, wann immer es möglich war, in die tägliche Messe; las auch gern die Lesung – und dies mit der Autorität eines Menschen, der schon an der Schwelle steht, die dieses Leben vom Leben dereinst trennt. Noch am 27. April 1986 las sie die Lesung in der Messe aus dem Buch der Offenbarung (Offb 7,9.14b–17). Hier wird eine Vision vor dem Thron Gottes beschrieben und es heißt: „Das sind jene, die

aus der großen Drangsal kommen; sie haben ihre Kleider gewaschen und im Blut des Lammes weiß gemacht. Deshalb stehen sie vor dem Thron Gottes und dienen ihm Tag und Nacht in seinem Tempel; und er, der auf dem Thron sitzt, wird sein Zelt aufschlagen über ihnen. Sie werden nicht mehr hungern und nicht mehr dürsten; und keine Sonnenhitze noch irgendeine Glut wird auf ihnen lasten … und Gott wird jede Träne aus ihren Augen wischen."
– Können wir uns vorstellen, wie diese Lesung aus dem Mund eines sterbenskranken Menschen klingt, der die Lesung vor der Messe aufmerksam durchgelesen hat und dann wirklich und wahrhaftig eine frohe Botschaft voll Gottvertrauen verkündet?

Zu Ostern 1986 durfte Petra Kuntner noch einmal für zehn Tage nach Hause. Am Karfreitag sprach sie jene Worte, die auf ihrem Sterbebild abgedruckt sind: „Seid nicht traurig! Wenn ich zu Gott heimgehe, dann bin ich Euch näher denn je. Lebt ein erfülltes Leben, aufgebaut auf Christus! Betet viel für einander, segnet einander! Seid gut zueinander. Ich lege meine Schmerzen, meine Gebete, mein Ringen in Gottes Hand und spüre: Der ganze Himmel freut sich mit mir!"

Am Morgen des 26. Mai sagte die Nachtschwester zu Petras Mutter, dass Petra im Sterben liege. Die Mutter sprach der reglos liegenden Petra einige kurze Gebete vor („Mein Jesus, dir leb ich, mein Jesus dir sterb ich, mein Jesus, dein bin ich im Leben und im Tod") und sprach den Segen, den Petra selbst so oft gesprochen hatte. Dann wurde Petra mit dem Rettungswagen in ihren Heimatort Sulden gebracht – am Ortseingang machte Petra die Augen auf und starb.

Viele Menschen haben von Petra gelernt – was es heißen kann, loszulassen. Eine Mitschülerin trug beim Begräbnis am offenen Grab Gedanken vor: „Dein tiefes Geheimnis ganz zu erfassen waren wir nicht imstande ... Du bist uns Vorbild geworden, daß Leid, auch schweres Leid, das Leben nicht brechen braucht, sondern daß die Hoffnung immer das Letzte ist ... Du bist nun glücklich bei Gott – denk an uns" (SL 56).

Alfred Delp

Ein zweiter Lehrer in der Kunst des Loslassens kann uns Pater Delp sein. Der Jesuitenpater Alfred Delp wurde am 18. Juli 1944 verhaftet, unmittelbar nachdem er die Messe in der Pfarre St. Georg/Bogenhausen in München gefeiert hatte. Grund der Festnahme und der Anklage war der Vorwurf, in den Kreis um das Attentat auf Hitler am 20. Juli 1944 eingebunden zu sein. Pater Delp verbrachte entsetzliche Wochen zunächst in der Gestapozentrale in München, dann im Berliner Gestapogefängnis – Verhöre mit argen Prügeleien. Am 8. September wurde Alfred Delp in die Haftanstalt Berlin-Tegel überstellt, in der er bis Ende Januar 1945 gefangen gehalten wurde. Vom 9. bis 11. Januar 1945 fand die Verhandlung vor dem Volksgerichtshof statt. Am 2. Februar 1945 wurde Pater Delp SJ hingerichtet. Im Gefängnis verfasste Pater Delp Briefe und Aufzeichnungen, die Zeugnis von seiner Schule des Loslassens geben.[9] Er hatte bis zuletzt gehofft, wieder in Freiheit zu kommen. Das Gefängnis ist eine Zeit der Wüste. Die Zellen sind klein, die Häftlinge sind die meiste Zeit gefesselt; Löffel, Napf, Tisch, Pritsche bilden das Umfeld. Hier reduziert sich eine Fülle von Dingen auf die äußerste Knappheit.

Die Schule des Loslassens ist hart. Pater Delp hat nur mehr eine Nummer, gilt nicht mehr als Mensch. In einer Augustnacht wäre er, wie er an Luise Oestreicher schreibt, „beinahe verzweifelt. Ich wurde, wüst verprügelt, in das Gefängnis zurückgefahren, abends spät. Die begleitenden SS-Männer lieferten mich ab mit den Worten: So schlafen können Sie heute Nacht nicht. Sie werden beten und es wird kein Herrgott kommen und kein Engel Sie herausholen. Wir aber werden gut schlafen und morgen früh Sie mit frischen Kräften weiterverhauen ... Und ich sah von dieser Nacht aus den ganzen verhängnisvollen Verlauf, wie er dann auch kam. Gott hat mich gestellt. Nun heißt es dem gewachsen zu sein, so und so" (DG 30). Das ist der Anfang seines Gefängnisaufenthalts. Mehr und mehr muss er sich einüben und fügen in ein Loslassen. Er muss von Plänen lassen, er muss von Hoffnungen lassen, er muss von Gemeinschaft lassen. Er muss

---

[9] Alfred Delp, Aus dem Gefängnis. Gesammelte Schriften IV. Hg. Roman Bleistein. Frankfurt/Main 1984. Abkürzung „DG".

die Idee aufgeben, nach wenigen Tagen wieder in Freiheit zu sein; er muss die Hoffnung begraben, dass sich das Ganze nach wenigen Wochen als Irrtum herausstellt. Über allem schwebt die Ungewissheit. Mehr und mehr spitzt sich seine Angelegenheit zu, es wird zusehends eine Frage von Leben und Tod. Menschen, die mit dem 20. Juli 1944 in Zusammenhang gebracht wurden, mussten mit dem Schlimmsten rechnen. Ende Oktober 1944 schreibt er in einem Brief an Luise Oestreicher, die ihn in seiner Arbeit unterstützte: „Ich schreibe Dir wieder ein paar Grüße. Ob sie Dich erreichen, weiß ich nicht. Wie ich überhaupt von niemand etwas weiß … ‚unicus et pauper sum ego', sehr allein und armselig bin ich geworden, heißt es in einem Psalm" (DG 21). Delp spielt hier auf Psalm 25,16 an: „Wende dich mir zu und sei mir gnädig, denn ich bin einsam und gebeugt." Mitte Dezember spricht er wieder diese Armseligkeit an: „Was Eleganz und Selbstsicherheit hieß, das ist alles ganz und gründlich zerbrochen. Schmerzlich. Hab keine Sorge, ich bemühe mich, kein Kleinholz zu machen, auch wenn es an den Galgen gehen sollte. Gottes Kraft geht ja alle Wege mit" (DG 49). Eine Woche später mit Blick auf das Weihnachtsfest schreibt er an Marianne Hapig, dass die Kulissen weg seien, dass es besondere Weihnachten werden würden, echt und unverstellt, unmittelbar vor den letzten Wirklichkeiten stehend (DG 65). Das „Loslassen" ist auch ein Nacktwerden, ein Bloßwerden, ein Abbau von Hülle und Verhüllung. Die Fassade wird weggeschoben, man kann sich nicht verstecken hinter einer Rolle, hinter einem Tagesrhythmus, hinter einer gewohnten Verantwortung, hinter einem Status. In einer längeren Meditation zum Silvestertag 1944 hält er fest, dass er äußerlich so dürftig wie nie dasteht. „Dies ist die erste Jahreswende, an der ich nicht einmal über ein Stück Brot verfüge. Über gar nichts. Als einziges Geschenk hat der Mann die Fessel so nachlässig geschlossen, daß ich mit der linken Hand herausschlüpfen kann. Nun hängt sie an der Rechten und ich kann wenigstens schreiben" (DG 82). Viel, viel hat er losgelassen; einen Tagesrhythmus und eine Struktur; eine Gemeinschaft und eine Aufgabe; eine vertraute Umgebung und Freunde. Er erfährt, dass ein Stück Brot eine Gnade sein kann; er erfährt, dass ein Brief Gnade sein kann; er erfährt, dass die Möglichkeit, einen Brief zu schreiben, Gnade sein kann. Hier wächst der Sinn für die Dankbarkeit für die ganz kleinen Dinge. Alfred Delp hat diese Zeit, von der er – zumeist mit gefesselten Händen – in seinen Briefen und Aufzeichnungen berichtet, als Zeit der Läuterung erfahren. Loslassen als eine Zeit der Reinigung. Bittere Erfahrungen haben ihn gelehrt, was es heißt, alles in Gottes Hände legen und allein aus Gottes Hand leben zu müssen. Das übersteigt menschliche Anstrengung. Loslassen – dazu brauchen wir den Beistand Gottes. Alfred Delp drückt das mit einem anschaulichen Bild aus: „Ach, wie begrenzt ist das Menschenherz in seinen eigensten Fähigkeiten, im Hoffen und Glauben. Es braucht Hilfe, um zu sich selbst zu kommen und nicht zu zerflattern wie ein paar scheue halbflügge

Vögel, die aus dem Nest fallen" (DG 27). Diese Hilfe kommt in vielen Zeichen, in Besuchen, in Briefen, in der ins Gefängnis geschmuggelten Hostie, in Gesprächen. Loslassen ist eine Reise, ein Weg, der im Fall von Pater Delp immer tiefer in die letzte Aufgabe und Hingabe geführt hat.

Alfred Delp SJ erlebt die Gefängniszeit als eine Schule von Bitternis, Prüfung, Einsamkeit (DG 23f); er erfährt die Wochen als Gericht, das als große Frage dasteht und seine letzte Antwort, seine letzte Prägung möchte (DG 49). Das wird in einigen Sätzen, die wir in seinen Briefen finden, ganz deutlich: „Gott meint es schon ganz intensiv mit mir, daß er mich so ausschließlich auf sich verweist" (DG 26); „Gott hat mich beim Wort genommen und aufs Äußerste gestellt. Auf jeden Fall muß ich ihm tausend Ja sagen" (DG 28). „Ich sehe die Sache für mich persönlich als eine intensive Erziehung Gottes zum Glauben an" (DG 29). „Auf jeden Fall weiß ich jetzt, was es ist, aus seiner Hand zu leben" (DG 38). Am Silvestertag beschreibt er das Ziel dieser Erziehung: „Das Ergebnis dieser Zeit muß eine große, innere Leidenschaft für Gott und seine Rühmung sein. In neuer, persönlicherer Weise muß ich ihm begegnen. Die Wände, die zwischen mir und ihm noch stehen, muß ich einschlagen. Die stillen Vorbehalte restlos ausräumen" (DG 77). Das ist also eine Aussage über das Loslassen. Durch das Loslassen soll sich das Leben zu einer neuen Sendung verdichten. Pater Delp erfährt, wie die Welt vom Gefängnis aus ganz anders aussieht, nach knapp fünf Monaten im Gefängnis kann er schreiben: „Das Leben ist in diesen 19 Wochen ungeheuer plastisch geworden und hat sich in all seinen Dimensionen enthüllt" (DG 33; ähnlich DG 70 und DG 137). Durch das Loslassen verdichtet sich das Leben auf das Wesentliche, es verlangt Entscheidungen über das, was wirklich zählen soll, ab. Es ist eindeutig „die Nagelprobe des Glaubens", die auf ihn wartet (DG 87). Gott befragt in diesen Stunden nach der Echtheit. Alfred Delp würde so gerne wieder eine Sendung bekommen, einen Auftrag, nach all dem, was er im Gefängnis gelernt hat; er hätte so gehofft, wieder in der Seelsorge arbeiten zu dürfen mit all den Erfahrungen, die er erlitten hat. Aber seine Pläne wurden durchbrochen.

Während des Gefängnisaufenthalts verfasst Pater Delp auch eine Meditation über das Vaterunser. Es ist vor allem auch eine Meditation über das Loslassen: Die Bitte „Dein Wille geschehe" legt Alfred Delp als „die Bitte des Menschen um seine Freiheit" aus. Durch diese Bindung an den Willen Gottes geschieht die echte und tiefe Befreiung des Menschen. „Der Mensch muß sich hinter sich gelassen haben, wenn er zu sich selbst kommen will. Man muß diesen Abschied einmal vollzogen haben, um von seinem Segen sprechen zu können" (DG 234). Diese Erfahrung eines Abschieds hat Alfred Delp im Gefängnis gemacht, in dieser Schule des Loslösens und des Loslassens. Vom Loslassen handelt auch die Vaterunser-Bitte „Vergib uns unsere Schuld, wie auch wir vergeben unseren Schuldigern". Wir sind in Schuld verstrickt; wir halten andere in Schuld gefangen. Alleine, ohne Gottes Zutun, kommen wir da nicht heraus. „Der Mensch kann sich von seiner Schuld nur lösen, wenn er sich zu ihr bekennt und zugleich erkennt und anerkennt, daß die Schuld der Kreatur eine Wunde schlug, deren Heilung alle Kunst und alle Kraft der Kreatur übersteigt" (DG 237). Wir können uns aus den Verstrickungen, die nach menschlichem Maß unumkehrbar und unaufhebbar sind, nicht lösen; ebenso wenig wie wir uns am eigenen Schopf packen und aus einem Sumpf ziehen können. Wir sind auf Gottes Hilfe angewiesen; und dank dieser Hilfe können wir auch anderen verzeihen und die Erfahrung machen, wie befreiend es doch ist, auf jede Bitterkeit und Erbitterung gegen Menschen zu verzichten. Vom Lösen und Loslassen handelt auch die Bitte „Führe uns nicht in Versuchung". Das ist der bittere Ernst einer Entscheidungsstunde. Das ist die Stunde, in die sich Pater Delp hineingestellt sieht. Alfred Delp, nach Monaten im Gefängnis, mahnt dazu: „Diese Bitte sollten wir ernsthaft beten ... Die Stunde der Anfechtung wird niemand geschenkt. Nur in ihr lernt der Mensch sich selbst kennen und ahnt, welche Entscheidungen von ihm erwartet werden" (DG 238). Alfred Delp hat am eigenen Leib und an der Seele erfahren und erlitten, was das heißt. Ganz besonders schlimm ist die Angst – „jenes schleichende Gewürm, das jede Menschensubstanz auffrißt" (DG 239). In der Stunde der Anfechtung muss man auf alle falschen Sicherheiten verzichten, so kann der Mensch „der großen Ruhe und Überlegenheit des Herrgotts teilhaftig" werden (DG 239). Noch einmal mahnt Pater Delp, diese Vaterunser-Bitte auch wirklich ernst zu nehmen. Er weiß, wovon er spricht.

Einen besonderen Höhepunkt, einen Tag der Gnade, darf Pater Delp am 8. Dezember 1944 erfahren, als es gelingt, dass er die letzten Gelübde in die Hände von Pater von Tattenbach ablegt und sich an diesem Tag ganz an den Orden bindet. Er erfährt diesen Tag als Antwort auf Gebet, als Gnade, als Nähe Gottes. Auch das sagt etwas über die Kunst des Loslassens aus – in einer Zeit des Loslösens auch in Dankbarkeit Momente der Gnade zu sehen. Für Alfred Delp haben diese letzten Gelübde eine ungeheure Bedeutung – „das Leben hat nun mal so seine gültige und endgültige Form bekommen" (DG 42). Am 13. Dezember kann er an Luise Oestreicher schreiben: „Das war eine lange Erziehung vom 15. 8. bis zum 8. 12. Aber jetzt ist es eben doch geworden und die äußeren Fesseln sind nur ein herbes Symbol für die Bindungen der freien Hingabe, die der Geist vollzogen hat" (DG 44). Denn die Idee der letzten Gelübde ist die uneingeschränkte und ohne Vorbehalt erfolgende Hingabe, die sich in Freiheit vollzieht und zu Freiheit befreit. Eben diese Erfahrung konnte Pater Delp machen.

Eine Verdichtung erfahren die Ereignisse am 11. Januar, als das Urteil beantragt ist und Pater Delp beginnt, Abschiedsbriefe zu schreiben. „Jetzt muß ich mich ganz loslassen", schreibt er an Luise Oestreicher (DG 100). Loslassen wird leichter durch ein „Warum" – „Wenn ich sterben muß, ich weiß wenigstens warum" (DG 102). Dieser Satz an Marianne Hapig sagt viel über das Loslassen aus. Friedrich Nietzsche hat einmal geschrieben: „Wer ein Warum zu leben hat, erträgt fast jedes Wie." Das gilt auch für das Loslassen: Wer ein Warum zu leben hat, kann auch ein Loslassen und Bloßwerden ertragen. Alfred Delp bezeugt den Segen des Warum. Nach der Verurteilung die letzten Fragen auf dem letzten Weg: „Was will der Herrgott mit alledem? Ist es Erziehung zur ganzen Freiheit und zur vollen Hingabe? Will er den ganzen Kelch bis zum letzten Tropfen?" (DG 109). Auch dieses Bild vom Kelch ist hilfreich, rückt es die Situation von Pater Delp doch in die Nähe von Getsemani, als Jesus in Todesangst betete: „Mein Vater, wenn es möglich ist, gehe dieser Kelch an mir vorüber. Aber nicht wie ich will, sondern wie du willst" (Mt 26,39). Das Bild vom Kelch gibt auch Halt in dieser Stunde des letzten Loslassens, weil es von der Eucharistie erzählt, die Pater Delp viel Kraft geben konnte. Die letzten Tage sind insofern besonders belastend, als Alfred Delp nicht, wie sonst in diesen Fällen üblich, sofort hingerichtet wird, sondern erst Wochen nach der Urteilsverkündung. „Auf jeden Fall muß ich mich innerlich gehörig loslassen und mich hergeben" (DG 110). Und ein schönes Bild: „Es ist Zeit der Aussaat, nicht der Ernte; Gott sät"

(DG 110). Hier finden wir wieder einen Anhaltspunkt für das „Warum" des Opfers des Loslassens. Pater Delp sieht sich als Same, der in den Boden eingesenkt wird: „Ich geb mir schon Mühe, als fruchtbarer und gehaltvoller Same in die Scholle zu fallen" (DG 126). Sogleich muss man hier an das Wort aus dem Johannesevangelium denken, das Jesus in Samarien zu seinen Jüngern sprach: „Einer sät, und ein anderer erntet" (Joh 4,37). Pater Delp konnte sein Leben als Aussaat sehen und insofern leichter loslassen, als er davon überzeugt sein konnte, dass sein Leben und seine Hingabe Frucht bringen würden, über sein Leben hinaus.

Besonders berührend sind Alfred Delps Briefe an seine Mutter – Anfang Dezember 1944 schreibt er ihr: „Es tut mir sehr leid, daß ich Dir solche Sorgen und solche Not bereite. Gott weiß, was er von uns will und da wollen wir nicht nein sagen …. Liebe, gute Mutter, laß Dir einmal von Herzen danken für Deine Güte und Sorge und Treue, die Du immer für uns hattest … Bis Du diese Zeilen bekommst, ist die Entscheidung wohl schon gefallen und wir wissen mein Schicksal. Wie es auch immer sein mag, Mutterle, Gott nicht böse sein. Er hat es gut gemeint" (DG 37). Die Botschaft wiederholt er in einem Brief vom 6. Januar 1945: „Es ist alles in Gottes guter Hand. Und diese Hand muß man verehren und ihr die Treue halten, auch wenn sie einmal hart zufaßt" (DG 92). Am 11. Januar schreibt er ihr wieder, als das Urteil bereits unumgänglich ist: „Liebe Mutter, nun muß ich Dir den schwersten Brief schreiben, den ein Kind seiner Mutter schreiben kann ... bleibe tapfer und aufrecht. Er ist der Herrgott, der die Schicksale fügt" (DG 100). Auch hier ein Wort des Trostes: „Wenn ich bei Gott bin, werde ich immer für Dich beten und bitten und viele versäumte Liebe nachholen. Wir sehen uns ja wieder. Eine kleine Weile nur und wir sind wieder beisammen. Dann für immer und ewig und in der Freude Gottes" (DG 101).

Es soll auch nicht verschwiegen werden, dass Alfred Delp im Angesicht des Todes vom Gefängnis aus klare Worte über die Zukunft der Kirche gefunden hat, die sicherlich auch heute noch – oder vielleicht sogar heute in besonderer Weise – Gültigkeit und Dringlichkeit haben. Er hat niedergeschrieben, wovon es abhinge, ob die Kirche noch einmal den Weg zu den Menschen finden wird. Die Antwort: „Die Rückkehr in die Diakonie; in den Dienst der Menschheit. Und zwar in einen Dienst, den die Not der Menschheit bestimmt ... Es wird kein Mensch an die Botschaft vom Heil und vom Heiland glauben, solange wir uns nicht blutig geschunden haben im Dienste des physisch, psychisch, sozial, wirtschaftlich, sittlich oder sonstwie kranken Menschen" (DG 319). Diese Worte sind prophetische Worte geworden, gerade auch angesichts des Lebens, das Pater Delp geführt hat. Der letzte Brief von Alfred Delp trägt das Datum 30. Januar 1945. Er besteht aus vier Worten: „Beten und glauben. Danke." Am 31. Januar wurde Pater Delp nach Plötzensee gebracht, wo er in der Nähe des Hinrichtungsschuppens bis zum 2. Februar gefangen gehalten wurde. Am 2. Februar, an dem wir das Fest der Darstellung des Herrn feiern, wurde Alfred Delp hingerichtet.

Etty Hillesum

Etty Hillesums Tagebuch, das unter dem Titel *Das denkende Herz* herausgebracht wurde, ist ein berührendes Zeugnis vom Hineinreifen in das Loslassen. Etty Hillesum ist eine bekannte Persönlichkeit, ihre Tagebücher erlangten Weltruhm. Etty Hillesum war eine aus einer jüdischen Familie stammende niederländische Lehrerin. Sie verfasste ab 1941 ein Tagebuch, das sie bis 1943 fortführte. Es wurde im Jahr 1981 auf Niederländisch unter dem Titel *Het verstoorde leven* (eigentlich: „Das zerstörte Leben") veröffentlicht, vier Jahre später erfolgte die deutsche Übersetzung unter dem Titel: „Das denkende Herz".[10] Das Tagebuch zeigt eine innere Entwicklung in immer schwerer werdenden Zeiten. Im Sommer 1942 kam Etty Hillesum in das Durchgangslager Westerbork, Anfang September 1943 wurde sie ins Vernichtungslager Auschwitz-Birkenau transportiert. Ihr Tagebuch hatte sie zuvor bei einer Familie in Sicherheit bringen können. Etty Hillesum wurde am 30. November 1943 in Auschwitz-

---

10 Etty Hillesum, Das denkende Herz. Reinbek bei Hamburg 2000. Abkürzung „HH".

Birkenau ermordet. Aber ihr Gedächtnis lebt weiter und mit ihrem Tagebuch wurde sie für viele zu einer Lehrerin geistlichen Wachstums.

Etty Hillesum weiß sich selbst in einer Schule des Loslassens; sie schreibt ein Tagebuch, bemüht sich um einen Weg nach innen, schreibt immer wieder Gebete in ihr Heft. Sie verliebt sich in einen um vieles älteren deutschen Emigranten, der aber eine Freundin in London hat; auch hier steht sie vor der Forderung steten Loslassens. Sie versucht, von Äußerem, das zusehends schwierig wurde, zu lassen, um innerlich reich zu werden. Einmal macht sie eine geistliche Durchbruchserfahrung: „Dieses Habenwollen ... ist plötzlich von mir abgefallen. Tausend beengende Fesseln sind zerrissen, und ich atme befreit, ich fühle mich stark und schaue mich mit strahlenden Augen um. Und jetzt, da ich nichts mehr besitzen will und frei bin, jetzt besitze ich alles, jetzt ist mein innerer Reichtum unermesslich" (HH 25). Sie bemüht sich, zu meditieren, eine Innenwelt aufzubauen, Zugang zu ihrem Inneren zu finden, in einen Dialog mit sich selbst zu treten. Das Loslassen von Äußerem ist auch auf die rechte Umgebung angewiesen: „Manchmal sehne ich mich nach einer Klosterzelle mit der sublimierten Weisheit von Jahrhunderten auf den Bücherregalen an den Wänden und mit einer Aussicht auf Kornfelder – es müssen unbedingt Kornfelder sein, und sie müssen wogen –, dort möchte ich mich in die Jahrhunderte und in mich selbst versenken" (HH 44). Diese Einsicht, dass wir Orte der Stille, Rückzugsorte, Orte der Mitte, brauchen, um das Loslassen zu lernen, um Abstand zur geschäftigen Welt der Dinge zu entwickeln, ist eine bewährte geistliche Einsicht. Hillesum arbeitet an einem Inneren, das ihr nichts und niemand nehmen kann. Auch dann fällt das Loslassen leichter: „Man muß sich innerlich abfinden und zu allem bereit sein und wissen, daß einem das Allerletzte im Inneren nicht genommen werden kann" (HH 162). Ihr ist auch klar, dass sie äußere Disziplin braucht, um das Innere in Ordnung zu bringen. Etty Hillesum geht mit einer großen Ernsthaftigkeit an das Leben heran, weiß, dass sie gerade angesichts des sie umgebenden Leids mit sich selbst im Reinen sein muss. Und sie muss tief in sich graben, um zu jener Quelle vorzustoßen, die nicht versiegt: „In mir gibt es einen ganz tiefen Brunnen. Und darin ist Gott. Manchmal ist er für mich erreichbar. Aber oft liegen Steine und Geröll auf dem Brunnen und dann ist Gott begraben. Dann muß er wieder ausgegraben werden" (HH 52). Nur aus diesem Brunnen, wird sie später schreiben, kann die einzige Gewissheit, wie man leben soll, aufsteigen. Und diese Gewissheiten würde sie so gerne weitergeben. Ähnlich wie Pater Delp hofft sie, das Gelernte weitergeben zu können: „Ich möchte so gern am Leben bleiben, um all die Menschlichkeit, die ich trotz allem, was ich täglich mitmache, in mir bewahre, in diese neuen Zeiten hinüberzuretten" (HH 157). Wie bei Alfred Delp sollte es ihr in anderer Weise als der erhofften gegeben sein.

Sie ringt mit ihrer Gier und der Angst, im Leben zu kurz zu kommen. Sie erkennt hier schädliche Kräfte, gegen die sie ankämpft. Sie betet um die rechte Gesinnung: „O Herr, laß mich aufgehen in einem einzigen ungeteilten Gefühl. Laß mich die tausend kleinen alltäglichen Dinge mit Liebe verrichten, aber laß jede kleine Handlung aus einem einzigen großen zentralen Gefühl der Bereitschaft und Liebe hervorgehen" (HH 78). Sie übt sich, wie sie schreibt, „im Knien". Sie übt sich in einer körperlichen wie auch seelischen Haltung, sich unter einen größeren Willen zu stellen, unter den Willen Gottes. Es ist ein mühseliger Weg, „das intime Verhältnis zu Gott wiederzufinden und abends am Fenster zu sagen: Hab Dank, o Herr" (HH 90). Sie versucht sich diesen inneren Frieden, diese Ruhe zu bewahren, sie zieht, wie sie schreibt, „das Gebet wie eine dunkle, schützende Wand um mich hoch, ziehe mich in das Gebet zurück wie in eine Klosterzelle" (HH 101). Sie bemüht sich, auch für deutsche Soldaten zu beten. Sie baut dieses starke „Innen" auf, das sie nur insofern als bewährt ansieht, als es sämtliche widrige Umstände bestehen kann; sonst ist die Gefahr des bloß Schöngeistigen gegeben. Sie bemüht sich um Einfachheit, Klarheit, Ernsthaftigkeit. Immer wieder sind diese Begriffe zu finden. Sie bemüht sich auch, von Büchern und Papier unabhängig zu werden; „ich werde mir von allem das Wesentliche einprägen, um es für die Zeiten der Entbehrung aufzubewahren" (HH 140).

Systematisch versucht sie, Abhängigkeiten aufzuspüren und zu überwinden. Dieser Zugang erinnert in vielem an Mahatma Gandhis „Experimente mit der Wahrheit" (wie Gandhi seine Autobiographie betitelte). Auch Gandhi hatte systematisch alle Bereiche seines Lebens einer Betrachtung unterzogen und sich bemüht, Abhängigkeiten und Anhänglichkeiten zu überwinden. Sie will dazu bereit sein, in jedem Augenblick des Lebens das ganze Leben zu verändern „und es an einem anderen Ort völlig neu zu beginnen" (HH 164). Damit ist auch die in der jüdischen Tradition verwurzelte Bereitschaft zum Exodus, aber auch die immer wieder auftretende Realität der Diaspora angesprochen. Etty Hillesum arbeitet an diesem Loslassen von allem, an Verfügbarkeit und Bereitschaft zum Auszug; das hat auch mit Kleinigkeiten zu tun, etwa mit der Zusammenstellung des Frühstücks: „Ich habe auf den Becher Kakao verzichtet, den ich mir am Sonntagmorgen immer heimlich genehmige, und will mich mit diesem mönchischen Frühstück begnügen, weil es mir besser bekommt. So ermittle ich meine ‚Gelüste' bis in die geheimsten und nebensächlichsten Gebiete und tilge sie aus. Es ist besser. Wir müssen lernen, sehr unabhängig, immer unabhängiger zu werden von den leiblichen Bedürfnissen" (HH 115). Sie versucht, freiwillig zu verzichten, ehe die Umstände (es ist absehbar, dass es schwerer und schwerer werden wird) den Verzicht erzwingen. So kann sie nach Wochen und Monaten des „Experimentierens mit sich selbst" schreiben: „Und jetzt weiß ich: Wenn man einmal damit anfängt, seine Forderungen und

Wünsche zurückzustellen, kann man auch auf vieles andere verzichten" (HH 136). Es geht, wie es in der geistlichen Tradition manchmal heißt, darum, das eigene Wünschen zu beherrschen. Etty Hillesum arbeitet hart daran, arbeitet an diesem Loslassen von selbstsüchtigen Neigungen und Wünschen – um durch dieses Loslassen frei zu werden und ihre Pflicht tun zu können: „Man muß alles aufgeben, um Tag für Tag die tausend kleinen Dinge zu tun, die getan werden müssen, ohne sich in ihnen zu verlieren" (HH 138). Sie geht noch weiter: „Man muß jegliche Geborgenheit aufgeben und den Mut haben, auf alles zu verzichten, jede Norm und jeden konventionellen Halt loszulassen und den großen Sprung in den Kosmos zu wagen, und erst dann wird das Leben überreich und unerschöpflich, auch im tiefsten Leid" (HH 140). Etty Hillesum sieht gerade das Leiden als eine Schule des Loslassens: Das Leiden verhilft dazu, dass „alle Kleinlichkeiten und Nebensächlichkeiten des Lebens von einem abfallen" (HH 162). Ein großer Schritt im Loslassen ist der Abschied von ihrem geliebten deutschen Freund. Er stirbt nach unerwarteter Krankheit. Sie weiß, dass ihm damit Übles erspart geblieben ist, und kann ihn in Frieden gehen lassen. „Ich habe einmal geschrieben", notiert sie in ihr Tagebuch, „daß ich dein Leben bis zur letzten Seite lesen möchte. Jetzt habe ich dein Leben zu Ende gelesen. Es ist so eine seltsame Freude in mir, daß alles so gekommen ist" (HH 171). Sie kann auf gute Weise ihren Freund ziehen lassen. Etty

Hillesum weiß, dass die Zeit knapp wird, sieht „die kurze Zeit, die ich noch hier bleiben darf ... als ein Sondergeschenk an, als eine Art Urlaub" (HH 143).

Etty Hillesum kämpft bis zuletzt darum, ihr Inneres vor äußerem Zugriff zu verteidigen; sie ist klarsichtig und weiß, dass das Ende der Tod sein wird, die Vernichtung. Mehr und mehr reift sie in ein Leben als „Mensch für andere" hinein und endet ihr Tagebuch mit dem viel zitierten Wort: „Man möchte ein Pflaster auf vielen Wunden sein" (HH 207).

Joseph Bernardin

Unser vierter Lehrer in der Schule des Lebens ist Joseph Bernardin. Er war von 1982 bis 1996 Erzbischof von Chicago. In den letzten drei Jahren seines Lebens machte er zwei ungemein schwierige Erfahrungen mit dem Loslassen: Zum einen wurde er fälschlicherweise des sexuellen Missbrauchs eines Seminaristen bezichtigt, was Abschied vom „Ruf in der Welt" mit sich brachte; zum anderen wurde bei ihm Krebs diagnostiziert und erlag seinem Leiden denn auch am 14. November 1996 im Alter von 68 Jahren. Er hinterließ ein Büchlein *Das Geschenk des inneren Friedens*, das den Untertitel trägt: „Reflexionen aus der Zeit des Loslassens".[11] Dieses Büchlein

---

[11] Joseph Bernardin, Das Geschenk inneren Friedens. Reflexionen aus der Zeit des Loslassens. München 2001. Abkürzung „BF".

war sein Abschied und enthält auch den Abschiedsbrief, den er an seine Erzdiözese am 1. November 1996, zwei Wochen vor seinem Tod, verfasste. Er schreibt im Vorwort, dass er mit diesen Reflexionen anderen helfen wolle, „zu verstehen, daß es in unserem menschlichen Leben immer Gutes und Schlechtes gibt, daß aber, wenn wir ‚loslassen‘, wenn wir uns selbst ganz in Gottes Hände geben, das Gute überwiegen wird" (BF 16). Joseph Bernardin ging selbst durch eine bittere Schule des Loslassens. Er war ein geachteter und bekannter, beliebter und weit über die Grenzen der Kirche hinaus als glaubwürdige Autorität geltender Kardinal, eine der bekanntesten Gestalten der amerikanischen Kirche. Und dieser Mann wurde im November 1993 mit einer Anklage wegen sexuellen Missbrauchs konfrontiert, die ungeheure Aufmerksamkeit nach sich zog.

Was meint Loslassen für Joseph Bernardin? Er versteht unter Loslassen „die Fähigkeit, sich nicht an die Dinge zu klammern, die einen daran hindern, eine innige Beziehung zu Jesus Christus zu entwickeln" (BF 19). Dieser Charakterisierung ist wenig hinzuzufügen. Loslassen ist ein Weg zu Christus. Dieser Gedanke war auch grundlegend für Ignatius von Loyola, der die Menschen mit den geistlichen Übungen dazu führen wollte, ungeordnete Anhänglichkeiten zu überwinden, alles das zu überwinden, was von Gott trennt. Loslassen bedeutet auch, mit dem Leiden etwas anderes zu verbinden als bloß eine Widrigkeit: „Wenn wir das Leiden nicht nur als unabwendbares

Geschick verstehen, sondern als ein Geschehen, das zu etwas dient und erlösenden Wert besitzt, dann hat das tiefgreifende Auswirkungen auf unseren Dienst an den Menschen, auf unser Dasein für sie" (BF 52). Die Kunst des Loslassens kann tiefer und leichter eingeübt werden, wenn man – so wie wir es bei Petra Kuntner gesehen haben – einen Sinn mit dem Leiden verbindet. Und dieser Sinn kann nicht getrennt werden vom Vertrauen auf das je Größere Gottes, die je größere Liebe Gottes, die je größere Weisheit Gottes, die je größere Macht Gottes. Aus diesem Grund wird der Begriff „Vorsehung" ein Kernbegriff in unserem kleinen Wörterbuch über das Loslassen sein, das am Ende dieses Buches zu finden ist.

Loslassen ist ein lebenslanger Lernprozess. Es gibt nicht den Punkt im menschlichen Leben, in dem wir sagen können: Nun wissen wir, was es heißt, loszulassen! Nun haben wir es gelernt, begriffen und uns ganz zu eigen gemacht! Nein, es gibt immer wieder etwas zu lernen, immer wieder etwas loszulassen; manchmal müssen wir uns von unserer Trägheit lösen, dann wieder von unserem Aktivismus; manchmal müssen wir uns von den Dingen lösen, dann wieder von Träumen und Plänen. Entscheidend in dieser Schule des Loslassens sind für Kardinal Bernardin zwei Dinge – das Herz zu öffnen und ein tiefes Gebetsleben (BF 19). Manchmal müssen wir die Vergangenheit loslassen und manchmal, wie Bernardin schreibt, „die Zukunft" (BF 123). Die Zukunft loszulassen heißt für ihn, „alles in meinem

Leben in Ordnung zu bringen". So vervollständigte er sein Testament, traf Entscheidungen für sein Begräbnis und traf die notwendigen Vorkehrungen, damit seine Mutter nach seinem Tod gut versorgt werden würde. Es gibt immer wieder etwas zu lernen – Loslassen ist eine schwere Sache, Joseph Bernardin hat „unentwegt gebetet und gekämpft", um Dinge bereitwilliger loslassen zu können. Der Schlüssel zu dieser Schule war für ihn ein Gespräch mit Priestern, als er bereits Erzbischof von Cincinnati war, ein ehrgeiziger und umtriebiger Bischof. Die Priester sagten ihm klar – in einer Deutlichkeit, die ihn tief betroffen gemacht haben muss –, dass er zwar viel vom Gebetsleben sprach, aber selbst wohl kein entsprechendes geistliches Leben führen würde; er könne das Gebet nicht „zwischendurch" erledigen; er müsse Gott die beste Zeit des Tages schenken. „So beschloß ich, Gott die erste Stunde meines Tages zu schenken, und – komme, was wolle – mit ihm im Gebet und in der Betrachtung zu verweilen" (BF 21). Damit ist der Grundstein für die Einübung in die Kunst des Loslassens gelegt – widme die erste Stunde des Tages einzig und allein Gott. Wir haben diese Betonung des geistlichen Lebens und auch des Tagesanfangs bereits bei Johannes XXIII. gesehen. Joseph Bernardin hielt das Versprechen, die erste Stunde des Tages Gott zu schenken, treu ein. Er berichtet, dass die Wirkung der ersten Stunde des Tages auch darin besteht, den ganzen Tag über mit Gott in Verbindung zu bleiben (BF 89). So wächst die Gewissheit, Teil von etwas Größerem zu sein, und das relativiert so manche Widrigkeit und Misslichkeit und hilft beim Loslassen.

Loslassen hat nach der gelebten Einsicht von Joseph Bernardin mit einem offenen Herzen zu tun, einem Herzen, das nach dem Willen Gottes frägt. Joseph Bernardin machte die Erfahrung, dass sich immer wieder die täglichen Ereignisse zwischen die Besinnung auf Gott schieben. Das änderte sich freilich mit seiner Krankheit – auch dazu eine erlittene Einsicht: „Immer öfter ‚ertappe' ich mich dabei, daß ich Priestern und Gemeindemitgliedern rate, gerade in Zeiten, in denen es ihnen gut geht, ein tiefes Gebetsleben zu entwickeln, damit sie in schlechteren Zeiten einen Halt haben" (BF 66f). Hier ist ein Grundgedanke angesprochen, den wir aus der Josefsgeschichte im Buch Genesis kennen (Gen 41). In den sieben fetten Jahren müssen wir vorsorgen, um für die sieben mageren Jahre gerüstet zu sein. Das gilt auch für das Loslassen: Habe, als habest du nicht, dann kannst du mit dem Nichthaben so leben, als habest du … Wer sich auf ein Leben auf Gott hin einlässt, braucht in guten wie in schweren Zeiten ein und dieselbe Grundhaltung: Gottvertrauen und Sehnsucht nach der Nähe und dem Willen Gottes. Hier kann dann durchaus eine innere Unruhe aufkommen: Ist Gottes Wille ein anderer als mein eigener Wille? Loslassen muss konsequent geschehen, auch mit sichtbaren Taten begleitet. Ein Aspekt betrifft auch, wie schon erwähnt, den Umgang mit Geld: „Vor mehr als 15 Jahren habe ich all mein Geld weggegeben und bekundet, nie wieder ein Sparkonto oder Aktien zu haben. Ich gelobte, nur das zu behalten, was nötig wäre, um mein Girokonto aufrechtzuerhalten. Geldgeschenke überwies ich auf ein Sonderkonto der Erzdiözese, das karitativen Werken und besonderen Projekten verschiedenster Art dient" (BF 24). Kardinal Bernardin war sich der Versuchung durch das Geld, das der Grundhaltung des Loslassens immer wieder entgegensteht, wohl bewusst und handelte entsprechend dagegen. Loslassen ist ein stetes Besinnen auf das Wesentliche, auf das, worauf es eigentlich ankommt. Als Bernardin mit der Anklage konfrontiert wurde, dass er einen Seminaristen im Jahr 1975 sexuell missbraucht hätte, stellte er sich eine entscheidende Frage: „Ich dachte daran, daß ich darum gebetet hatte zu lernen, loszulassen und mich leerzumachen. Lag Gottes Antwort in diesem Prozeß verborgen, in dem gesichtslose Ankläger drohten, mich ein für alle Mal zum Sexualverbrecher abzustempeln?" (BF 33). Bernardin beschloss, die Verteidigung einzig und allein auf die Wahrheit zu stützen („Die Wahrheit wird euch frei machen"). Man kann sich vorstellen, dass diese Anklage die Grundfesten einer glaubwürdigen priesterlichen und auch allgemein menschlichen Existenz berührte, ja heftig erschütterte. Nach schwierigen Monaten wurde die Anklage als falsch zurückgezogen; Bernardin traf sich mit Steven Cook, der hinter der Anklage stand, einem HIVpositiven Mann, der ein schwieriges Leben hinter sich hatte. Der Kardinal und Steven sprachen miteinander, Joseph Bernardin war es ein Bedürfnis, ihm zu sagen, dass er ihm nichts nachtrage; sie feierten dann auch die Messe miteinander. Er war einer der Ersten, der Joseph Bernardin nach dessen Krebsdiagnose schrieb, sie blieben in Kontakt. Steven Cook starb im September 1995. Was an dieser Geschichte so berührend ist, sind zumindest die beiden Lehrstücke: Wahrheit macht frei und Vergebung macht frei. Wahrheit und Vergebung lösen Fesseln, die uns einengen und uns gefangen halten. Es ist ein Segen, wenn man durchs Leben gehen kann, ohne durch eine Unversöhntheit gebunden zu sein. Viele von uns kennen die befreiende Kraft, die in der Vergebung liegt. Auch Joseph Bernardin hat sie erfahren.

Am 31. August 1996, dem Tag nach der öffentlichen Bekanntgabe, dass der Krebs auf die Leber übergegriffen habe und nicht mehr operiert werden könne, zelebrierte Joseph Bernardin eine gemeinschaftliche Krankensalbung. Er legte allen Anwesenden ans Herz: Das Erste, was im Fall einer schweren Erkrankung oder einer anderen ernsthaften Schwierigkeit zu tun sei: „uns selbst *völlig* in die Hände des Herrn zu geben" (BF 109). Wir dürfen glauben, dass der Herr uns in seine Arme nimmt und uns nie verlässt. Wir dürfen uns an die wunderbar tröstende Stelle im Matthäusevangelium erinnern: „Kommt alle zu mir, die ihr euch plagt und schwere Lasten zu tragen habt. Ich werde euch Ruhe verschaffen" (Mt

11,28). Die von Jesus geschenkte Ruhe kann man erfahren, wenn man jeden Tag den Dienst tut, der aufgetragen ist; wenn man jeden Tag seine Haltung abstimmt als Sich-Einfinden in den Willen Gottes.

Der Blick auf Gott war der Halt, den Joseph Bernardin am 8. Juni 1995 brauchte. Er hatte den Tag über medizinische Untersuchungen über sich ergehen lassen müssen und stellte abends die Frage: „Was ist los?" – „sobald ich die Frage gestellt hatte, überkam mich ein tiefes Gefühl der Hilflosigkeit ... Wenn ich mich heute an diesen Augenblick erinnere, denke ich an Gott und seinen Plan mit mir ... Jetzt bin ich mir bewußt, daß ich in dem Moment, in dem ich Dr. Furey bat, mir den Befund mitzuteilen, alles loslassen mußte. Wieder einmal. Gott lehrte mich ein weiteres Mal, wie wenig wir über uns selbst verfügen und wie wichtig es ist, ihm zu vertrauen. In diesem Augenblick brauchte ich Gott, wie ich ihn nie zuvor gebraucht hatte" (BF 60).

An einer eher unscheinbaren Stelle in dem eher unscheinbaren Buch beschreibt Joseph Bernardin eine Dimension des Loslassens, die den Menschen in seiner Glaubwürdigkeit zeigt: die Selbstvergessenheit. Es gibt Momente, in denen Menschen „selbstvergessen" und „selbstlos" handeln und vielleicht und wohl gerade in diesen Momenten ganz „sie selbst" sind. Es gibt Situationen, in denen ein Mensch tut, was er tun muss, ohne lange nachzudenken oder sich selbst zum Thema zu machen. Das sind Momente des „Sich selber Loslassens". Der Erzbischof beschreibt eine Erfahrung mit seinem Vater, der kurz danach auch an Krebs gestorben war, als Joseph Bernardin sechs Jahre alt war. Es war ein Sommertag, der Vater war kurz zuvor wegen seines Krebsleidens operiert worden und trug eine Bandage unter dem weißen Hemd. Familie Bernardin war bei Freunden zu Besuch und sie saßen auf der Veranda des Hauses. „Ich saß auf dem Metallgeländer der Veranda. Plötzlich fiel ich rückwärts zu Boden und fing an zu weinen. Mein Vater sprang sofort über das Geländer und hob mich auf. Als er mich in den Armen hielt, sah ich, daß Blut durch sein Hemd sickerte. Er dachte nicht an sich; ihn interessierte nur, ob mir nichts passiert war" (BF 63). Hier zeigt sich in aller Schlichtheit Selbstvergessenheit.

Diese Selbstvergessenheit konnte auch Joseph Bernardin erleben. Er beschreibt, wie schwer es ihm doch lange gefallen sei, mit Schwerkranken umzugehen, das rechte Wort zu finden. Er machte die Erfahrung, im Leiden frei von sich selbst zu werden. Er hatte sich „nie mehr als Priester" gefühlt als in der Zeit nach der Krebsdiagnose (BF 82). Er hatte ein neues Bedürfnis: zuzuhören und da zu sein, an den Betten der Schwerkranken. Joseph Bernardin lernte auf ganz neue Weise: Als Bischof ist man ja nicht nur einer, der predigt, der etwas zu sagen hat oder sagen sollte, sondern man muss auch ein Hörender sein. Je besser es einem gelingt hinzuhören, umso mehr, umso schneller erkennt man, wo Hilfe nottut, wo die Nöte der Menschen liegen, wo man ihnen helfen kann, welches Wort man ihnen geben kann, das ihnen in ihrer konkreten Lebenssituation auch hilft. Kardinal Bernardin lernte auf neue Weise die Kunst des Zuhörens, hatte die Scheu abgelegt, musste nicht mehr überlegen, welches Wort und welche Geste wann passend wären; das seelsorgliche Tun floss nach seiner Krebserkrankung, um es einmal so zu sagen, leicht aus ihm heraus. Er erkannte auch, dass die Gemeinschaft der unter schweren Krankheiten leidenden Menschen für die Sicht des Lebens ganz entscheidend ist: „Wer zu dieser Gemeinschaft gehört, sieht die Dinge anders. Das Leben bekommt einen neuen Sinn, und plötzlich wird es leichter, das Wesentliche vom Unwesentlichen zu unterscheiden" (BF 85). Kardinal Bernardin bekam viele Briefe von krebskranken Menschen, er spürte diese Gemeinschaft hautnah, auch im Krankenhaus. Es soll ja auch erwähnt werden, dass Joseph Bernardin mit der Autorität eines sterbenden Mannes, der keine Zeit mehr für Nebensächlichkeiten hatte, die „Catholic Common Ground Initiative" ins Leben gerufen hatte, die Initiative „gemeinsamen Bodens". Angesichts der Grabenkämpfe zwischen „liberalen" und „konservativen" Katholikinnen und Katholiken begründete er eine Initiative, die die Besinnung auf Jesus Christus und das Evangelium als den gemeinsamen Boden in den Vordergrund stellte. Auch im Rahmen dieser Initiative wurden die Menschen eingeladen, loszulassen, Enge zu überwinden, Wesentliches vom weniger Wesentlichen zu unterscheiden.

Es ist gerade das Leben angesichts der Schwelle des Todes, das an das Wesentliche erinnern kann. Am Ende seines Büchleins, das am 1. November, zwei Wochen vor seinem Tod, abgeschlossen war, erinnert uns Joseph Bernardin, dass nach dem Winter, der Anfang November in Chicago einzieht, der Frühling kommt. „Es ist ziemlich klar, daß ich im Frühjahr nicht mehr leben werde. Aber ich werde bald auf eine andere Weise neues Leben erfahren" (BF 129). Und dieses neue Leben wird ein Leben im „Daheim" sein und „in Vertrautheit" – Kardinal Bernardin beschreibt es so: „Als ich das erste Mal mit meiner Mutter und meiner Schwester in die elterliche Heimat ... in Norditalien reiste, hatte ich den Eindruck, schon einmal dort gewesen zu sein. Nach Jahren, in denen ich viel in Mutters Fotoalben geblättert hatte, kannte ich die Berge, das Land, die Häuser und die Menschen. Als wir in dem Tal ankamen, sagte ich: ‚Mein Gott, ich kenne diesen Ort. Ich bin zu Hause.' Irgendwie, glaube ich, wird der Übergang von diesem zum ewigen Leben ähnlich sein. Ich werde zu Hause sein" (BF 130). Dieses Vertrauen auf ein Heimkommen macht Loslassen möglich. Wenn wir etwas loslassen, tut es gut, das Losgelassene in gute Hände zu legen. So hat sich Joseph Bernardin bemüht, alles geordnet zu übergeben. Dann geschieht ein Freiwerden für einen guten Neuanfang und einen guten Abschied.

III. Persönliche Erfahrungen

Alois Kothgasser:
Der Heimgang meiner Eltern

Mein Vater Josef Kothgasser wurde am 14. Februar 1903 in Lichtenegg, St. Stefan im Rosental, in der Steiermark geboren und starb an einem Krebsleiden am 14. Dezember 1974. 1933 hatte er meine Mutter Aloisia, geborene Krisper, geheiratet. Sie war am 21. Juni 1906 in Krottendorf in der Pfarre St. Stefan im Rosental geboren und ist am 16. Juni 1980 verstorben. Gemeinsam betreuten sie ein landwirtschaftliches Anwesen in Lichtenegg, mitten im oststeirischen Hügelland. Ihrer Ehe entstammten sieben Kinder.

Mein Vater war fünf Jahre lang Soldat im Zweiten Weltkrieg. In dieser Zeit verlor meine Mutter ein Kind, vermutlich wegen zu schwerer Feldarbeit. Es war für sie ein schmerzlicher Verlust und eine stille Sorge, denn damals war das Los ungetauft verstorbener Kinder eine offene Frage und vielfach eine religiöse Belastung. Der Vater kehrte 1945 nach dreimonatiger amerikanischer Gefangenschaft unversehrt nach Hause zurück.

Im Jahre 1946 starb mein Großvater, der Zimmermann war, und bei dem ich viel Zeit in seiner Werkstatt verbrachte. Im Jahre 1947 starb zu Pfingsten, am 25. Mai, dem Tag meiner Firmung, mein Bruder Franz im Alter von nur drei Monaten an einer heimtückischen Kinderkrankheit. Diese beiden Sterbefälle haben sich tief in mein damals kindliches Gedächtnis eingeprägt. Ich sehe heute noch meinen Vater den kleinen Kindersarg meines Bruders auf den Armen zum Friedhof tragen. Ich konnte und wollte diesen Tod nicht begreifen. Später dachte ich mir oft: Er war getauft, sündigen konnte er mit seinen drei Monaten noch nicht, also ist er sicher im Himmel. Dieser Gedanke tröstete mich. Nur die liebe Mutter tat mir sehr leid. Sie hatte immer sehr schwere Geburten. Zum kleinen Bruder Franz bete ich heute noch jeden Tag um seine Fürsprache bei Gott.

Unsere Mutter hatte einen tiefen Glauben und eine gesunde Frömmigkeit. Da war nichts an Übertreibung, an Frömmelei oder gar Aberglaube. Glaube und Leben waren bei ihr eine Einheit. Darum strahlte sie Ruhe und Gelassenheit aus, wenngleich eine gewisse Besorgtheit für jedes ihrer Kinder ihr Leben begleitete. Der Vater hatte manches von ihren Grundhaltungen in Glaube und Leben übernommen.

Was mir als Priester in meinem Leben oft leid tat, war die Tatsache, dass es mir nicht möglich war, in den letzten Tagen und Stunden im Leben meiner Eltern bei ihnen zu sein. Zwar habe ich sie in ihrer Krankheit öfters besucht, aber in der Sterbestunde konnte ich ihnen leider meinen priesterlichen Beistand nicht zukommen lassen. Beim Vater meinte mein ältester Bruder: „Er hält schon noch länger durch." Dem war aber nicht so. Damals, 1974, wurden die Verstorbenen noch im Heimathaus aufgebahrt. Die Verabschiedung aus dem Elternhaus ging mir sehr nahe. Der lange Weg des Leichenzuges zur Pfarrkirche, der Begräbnisgottesdienst und die Gebete auf dem „Hof des Friedens" gaben mir Gewissheit: Wir gehören zusammen über das Grab hinaus. So erlebe ich es auch bis zum heutigen Tag. Oft stand ich als Bischof bei meinen Pfarrbesuchen nach dem Friedhofgang und der Gräbersegnung spät abends am Fenster des Pfarrhofs – sofern der Friedhof noch zwischen Kirche und Pfarrhof lag –, schaute auf die Gräber und Lichter und fühlte eine große Verbundenheit mit den Verstorbenen und einen tiefen Frieden. Irgendwie gehören wir alle zu einer „Großfamilie" im „Reich des Lichtes und des Friedens".

Beim Sterben meiner Mutter war allein meine Schwester Maria dabei. Sie begleitete die Mutter sorgend und betend. Da richtete sich die Mutter mit letzter Kraft auf – so erzählte mir meine Schwester – und schaute mit weit geöffneten Augen nach vorne, als ob sie etwas Besonderes sähe, wobei ihr Gesicht sich aufhellte. Danach sank sie in ihr Kissen zurück und schloss für immer ihre Augen in dieser Welt. Als ich am Tag danach an ihr Totenbett trat, lag sie schmal und blass da, jedoch ganz friedlich. Die ganze folgende Nacht habe ich bei ihr verbracht und „Zwiesprache" mit ihr gehalten. Wir hatten einander in der „Totenstille" noch vieles zu sagen. Der Abschied war schwer. Der Begräbnisgottesdienst war für mich eine große Danksagung. Die Verbundenheit mit den Eltern ist seither ungebrochen.

Oft und oft habe ich mit vielen Menschen, auch bei manchen Schulbesuchen, über Sterben und Tod und dem Leben nach dem Leben gesprochen. Dabei versuchte ich auch von den zwei Dingen zu sprechen, die mir einst mein Sterben hoffentlich leichter machen werden: die „Sehnsucht", endlich „daheim" zu sein, nachdem ich in meinem Leben doch relativ viel unterwegs war – und die immer wieder aufbrechende „Neugierde" mit den vielen Fragen: Wer ist letztlich unser Gott, zu dem wir so oft gebetet, von dem wir so oft zu den Menschen gesprochen haben? Wie wird er uns und wie werden wir ihm begegnen? Woher und warum das Übermaß an Leiden und an Bösem in der Welt? Wie kann Gott das aushalten und ertragen? Ich bin überzeugt, dass er uns Antwort geben kann und wird. „Und dann werden wir ihn sehen, wie er ist!" Und dann – so hoffe ich – werden uns die Augen und das Herz und das Leben aufgehen, weil er Liebe ist. Das ist das schönste Wort und die tiefste Wirklichkeit unseres menschlichen und christlichen Lebens!

Clemens Sedmak:
Abschied von meinem Vater

Mein Vater verstarb am 12. März 2010, im 89. Lebensjahr. Im Jahr 2005 hatte er einen Schlaganfall erlitten und war seitdem pflegebedürftig. Meine Mutter pflegte ihn daheim, wo er kleine Freuden in vertrauter Umgebung und ein gutes Leben hatte. Sein Tod war, nachdem es langsam bergab ging und er die letzten vier Wochen auf der Intensivstation zubrachte, traurig und ein Einbruch, wir waren aber nicht unvorbereitet. Meine Mutter hatte mich gebeten, beim Auferstehungsgottesdienst das Leben meines Vaters zusammenzufassen.

Ich nahm mir Briefe und Aufzeichnungen meines Vaters zur Hand. Ich habe die Erfahrung gemacht, wie viel Frieden es gibt, Abschied mit „Blick auf das Leben als Ganzes" nehmen zu können. Wenn man die Aufgabe bekommt, das Leben eines Verstorbenen zu erzählen, muss man es als „ein ganzes Leben" in den Blick nehmen. Ich habe auch die Erfahrung gemacht, dass dieser Blick leichter fällt, wenn man das Leben in ein Bild fasst.

So habe ich mich entschieden, das Leben als Jahreszeitenzyklus zu erzählen, von der Geburt meines Vaters im Winter des Lebens mit einer schwierigen Kindheit und grausamen Erfahrungen in Krieg und Kriegsgefangenschaft, vom Frühling des Lebens mit dem Studium und dem Eintritt in das Berufsleben, in dem mein Vater seine Gaben zum Blühen bringen konnte; vom Sommer des Lebens, als er meine Mutter kennen lernte und das erste Mal in seinem Leben ein echtes „Zuhause" und „Daheim" aufbaute; vom Herbst des Lebens, als er in den Ruhestand trat und der Radius seines Lebens kleiner wurde – die Kunst des Aufhörens, des Aufhörens zum rechten Zeitpunkt, hat mein Vater in beispielhafter Weise verstanden.

Mit 65 Jahren zog er sich, von vielen vermisst, auf der Höhe der beruflichen Meisterschaft aus der Anwaltstätigkeit zurück, langsam baute er seinen sozialen Radius ab, er hat mit Würde aufgehört. Am Übergang vom Herbst zum Winter des Lebens meines Vaters stand der Schlaganfall, der ihm die Sprachfähigkeit raubte. Er, der sein Leben lang aus dem Zauber und der Gabe des Wortes geschöpft hatte, blieb halbseitig gelähmt und war um seine Ausdruckskraft gebracht. Demut und auch Zorn, dann Dankbarkeit und eine immer größer werdende Stille haben das Leben meines Vaters in diesen letzten Jahren geprägt. Er war dankbar, im eigenen Haus sein zu können, begleitet und gepflegt von seiner Frau. Er war dankbar für seine Kinder, Schwiegerkinder und Enkelkinder und nahm an ihrem Leben Anteil. Von uns allen war nun aber die Kunst des Loslassens verlangt.

Wie jedes menschliche Leben, so ist auch das Leben meines Vaters in ein tiefes Mysterium getaucht, das wir nicht erschließen können. Ein Mysterium ist der Weg Gottes mit meinem Vater. Papa wusste sich seinem Schutzengel anvertraut. Hier hat er auch Erfahrungen im Krieg erlitten, die aber diesen Glauben und dieses Vertrauen bestärkt haben. Der Glaube war ihm Lebensfundament. Die Begegnung mit meiner Mutter war für ihn eine gnadenreiche Fügung, für die er bereit war, „Ja" zu allem zu sagen, was vorher in seinem Leben Schweres geschehen war. Die Jahre nach seinem Schlaganfall hüllten meinen Vater in ein wachsendes Mysterium für uns. Wir wissen nicht, wie und wie viel er wahrgenommen hat. Es mag bezeichnend sein, dass er sich den langen und ruhigen Film „Die große Stille", der das Leben in einer Karthäusergemeinschaft zeigt, immer und immer wieder angeschaut hat. So kam der Winter des Lebens. Mein Vater war darauf vorbereitet. Am Ende einer Ansprache zu seinem 75. Geburtstag im Jahr 1996 hatte er zu den versammelten Verwandten und Freunden gesagt: „Sonnenuntergang, keine Frage. Aber kein Grund zur Panik, wenn man sich zeitgerecht vor Augen hält, dass wir auf dieser Erde nur Gäste sind … Ich habe meinen Frieden mit Gott geschlossen … Möge mir der Herr zu gegebener Zeit ein milder Richter sein!"

Mit diesem Gedanken müssen wir nicht beim Bild des Winters stehen bleiben; es kündigt sich der Frühling an, der unsere Hoffnung auf Blühen und Wachsen und Leben ausdrückt. So können wir als Hinterbliebene an einem Bild festhalten: Bei unseren Bergwanderungen als Familie pflegte mein Vater nach einer kurzen Stärkung auf dem Gipfel angesichts der anhaltenden Sitzlust seiner Lieben zu sagen: „Ich gehe langsam vor." Und er machte sich auf den Weg – und ich sehe noch, wie seine Gestalt kleiner wird und dann um eine Biegung entschwindet. „Ich gehe langsam vor." Mein Vater ist langsam vorausgegangen. Wir sehen ihn manchmal noch, in der Ferne. Mein Vater ist uns vorausgegangen, schon im Leben als Vater, und nun in seinem Heimgang. Wir bleiben noch ein bisschen. Und dann kommen auch wir – und gehen in den Frühling des Lebens hinein, von dem Jesus gesagt hat, dass es sich in „Fülle" zeigen wird.

IV. Trost, Hoffnung, Gottvertrauen

„Loslassen" ist stets auch ein „Zulassen"; „letting go" ist auch ein „letting be". Dazu bedarf es der Gelassenheit. Die Gelassenheit ist eine Grundhaltung, Dinge auch „sein lassen" zu können. Der Philosoph Karl Jaspers hat die Gelassenheit als Haltung charakterisiert, die uns dort Halt und Sicherheit gewährt, wo die „Daseinsangst" nicht überwunden werden kann. Die Daseinsangst ist die Angst vor dem Unkontrollierbaren, die Angst vor dem Zerbrechlichen unseres Daseins. Es ist die Angst, die sich aus unserem Leben ergibt, das ungewiss und unsicher ist. Wir haben immer wieder gesehen, wie Menschen die Erfahrung machen müssen, dass sich ihr Leben von einem Augenblick zum anderen von Grund auf verändert. Gelassenheit hat mit innerer Ruhe, mit „Warten können" und mit der Fähigkeit, es gut auszuhalten, wenn man nicht alles kontrollieren kann, zu tun. Ein gelassener Mensch weiß sich von einem Grundvertrauen in das Leben getragen. Am Ende dieses Büchleins wollen wir drei Begriffe meditieren, die auf je ihre Weise mit Gelassenheit zu tun haben und entscheidend im Umgang mit dem Loslassen sind: Trost, Hoffnung und Gottvertrauen.

Trost

In Zeiten des Loslassens brauchen wir Trost; wenn wir Menschen begleiten, die loslassen müssen, sind wir eingeladen, sie zu trösten. Trost ist „Linderung von Leiden" und „Zuspruch". Trost ist eine Gegenkraft, die Kraft des Leidens zu schwächen. Diese Kraft entwickelt der Trost dadurch, dass der zu tröstende Mensch nicht nur von seinem Leid und der Konzentration auf den Schmerz geprägt und bestimmt wird. Trost braucht Klarheit und Trost braucht Gründe, sonst sprechen wir von „billigem Trost" oder einem „Vertrösten". Trösten ist dabei eine Handlung, ein Tun, eine Aktivität und gleichzeitig auch ein Inhalt, eine Botschaft. Der Mensch, der tröstet, tröstet allein schon durch sein Dasein und Mitsein, dann aber auch durch das, was er sagt und tut, und durch den Inhalt des Gesagten.

Nach Aristoteles ist die Fähigkeit, zu trösten, eine besondere Eigenschaft einer Freundin oder eines Freundes. Ein Freund kann einen Freund, eine Freundin kann eine Freundin in einer besonderen Weise trösten – wohl deswegen, weil hier eine liebende und vertrauensvolle Beziehung im Hintergrund ist, die dem Zuspruch Glaubwürdigkeit und

Tiefe verleiht und die das Trostwort einbettet in eine gemeinsame Geschichte. Einen Menschen zu trösten heißt, ihm Heilmittel für die schmerzende Seele geben zu können. Dieser Gedanke aus der stoischen Philosophie (für Cicero ist Trost eine Heilung der Seele, eine „curatio animae") ist auch für die Seelsorge bedeutsam: Wenn ein Mensch trostbedürftig ist, weil er etwas loslassen muss oder schon loslassen musste, dann schmerzt die Seele. Sie ist geplagt und belastet, unruhig und ängstlich. Was macht eine Mutter, was macht ein Vater, wenn sich ein Kind im kleineren Rahmen wehgetan hat? Sie nehmen das Kind in den Arm; sie sprechen dem Kind beruhigend zu; sie geben ein Pflaster auf die Wunde; sie blasen auf die schmerzende Stelle; sie lenken das Kind ab, indem sie ihm etwas zeigen oder ein Stück Schokolade geben. Nun, genauso ist es mit dem Trost – wir trösten einen Menschen, indem wir ihm Nähe und Halt geben; wir versuchen, Ruhe zu vermitteln, mit entsprechendem Zuspruch zu zeigen, dass vieles, was Halt gibt, dass etwas Größeres, das die wie auch immer schmerzvolle Situation rahmt, gegeben ist; wir bieten „Pflaster" an: Das können Hoffnungen sein, das kann „der Blick auf das Gute im Schwierigen" sein, das kann eine Erinnerung sein an eine bereits überwundene Schwierigkeit; wir widmen uns der schmerzenden Stelle, wir bringen ihr Aufmerksamkeit entgegen, wir sprechen das, was schmerzt, an; wir machen es zum Thema und stellen Fragen, hören zu; das „Ablenken" im Fall des Tröstens kann bedeuten: den Blick auf das zu lenken, was noch gilt und gelingt; die Aufmerksamkeit vom schmerzenden Thema auf eine künftige Hoffnung hin zu verlagern; an das, was dem menschlichen Leben bei aller Zerbrechlichkeit Halt gibt, zu erinnern. So können „Hoffnung" und „Erinnerung", „Dankbarkeit" und der feste Glaube an Sinn und Fundament Bestandteile von Trost sein. In der stoischen Philosophie ist gerade die Erinnerung an den letzten Rahmen des Lebens das entscheidende Moment im Trost – Seneca etwa drückt die Überzeugung aus, dass angesichts der wechselnden Gesichter des Lebens und angesichts von Schicksalsschlägen die Einsicht in die eigene Vergänglichkeit und Sterblichkeit den größten Trost bieten, oder auch: Wenn wir mit Abschiedsschmerz belastet sind, weil wir einen lieben Menschen verloren haben, ist der größte Trost in der eigenen Sterblichkeit zu finden („nullum maius solacium est mortis quam ipsa mortalitas" – es gibt keinen größeren Trost für den Tod als die eigene Sterblichkeit). Thomas von Aquin übersetzt das in eine christliche Sprache, wenn er uns nahelegt, Trost in der Betrachtung des Göttlichen zu finden. Das können viele Menschen nachvollziehen: Wenn das Leben schwer ist, ist ein stilles Gebet in einer Kapelle, ist die Lektüre eines Buches, in dem uns die Autorin oder der Autor an den Beistand Gottes in allen Lebenslagen erinnert, von unschätzbarem Wert. Eine im christlichen Raum sehr einflussreiche Trostschrift ist Meister Eckharts Büchlein *Das Buch der göttlichen Tröstung.*[12] Es wurde im 14. Jahrhundert als Trostschrift für die von tragischen Erfahrungen heimgesuchte Königin Agnes von Ungarn abgefasst. Im Mittelpunkt der Ausführungen steht die Beziehung des einzelnen Menschen zu Gott. Wenn die Seele auf Gott ab- und eingestimmt wird, erfährt sie Trost. Der fromme Mensch weiß sein Leben eingebettet in eine große Ordnung und betet, dass Gottes Wille geschehen möge (BT 22). Der fromme Mensch verfügt über die größte innere Kraft, weil das innere Werk sein ganzes Sein von und in Gottes Herzen schöpft (BT 41). Meister Eckhart legt als den wichtigsten Punkt das Festhalten am Absoluten nahe – der Blick auf Gott ist stets ein Blick auf das Mysterium schlechthin. Für Meister Eckhart steht fest: Alles Leid kommt nur daher, dass du dich nicht allein in Gott und zu Gott kehrst (BT 15). Ähnlich wie im stoischen Denken der Gerechte unerschütterlich ist, ist auch für Meister Eckhart der gerechte Mensch derjenige, der von nichts betrübt ist, egal, was ihm widerfahren mag. „Es ist das Zeichen eines schwachen Herzens, wenn ein Mensch froh oder bekümmert wird um vergängliche Dinge dieser Welt" (BT 61). Das Leiden entsteht aus einem Festhalten an Vorstellungen, wie die Dinge zu sein haben, heraus. Das Festhalten an den falschen Dingen führt zu Schmerz, Trauer und Leid. Alles, was nicht von Gott

---

12 Meister Eckhart, Das Buch der göttlichen Tröstung. Übertragung ins Neuhochdeutsche durch Josef Quint. Frankfurt/Main 1987. Abkürzung „BT".

ist, weist eine natürliche Bitterkeit auf (BT 17). Der Mensch, dem Gott allein nicht genügt, hat seine Lebensprioritäten falsch gesetzt und beginnt entsprechend zu leiden. Das Loslassen von diesem krankmachenden Begehren schafft Raum für Gott im Inneren eines Menschen und macht den Menschen für Gott empfänglich (BT 30). Das bedeutet es nach Eckhart, „arm im Geiste" zu sein. Diese Armut des Geistes ist das eigentliche Heilmittel gegen die Traurigkeit; Früchte dieses Geistes sind dann Liebe, Freude und innerer Friede. Leerwerden der Seele nimmt dem Leiden den Ort, an dem es im Menschen wohnen kann. Oder anders gesagt: Je entblößter die Seele ist, je leerer an Dingen, desto reiner kann sie Gott erfassen (BT 33). Meister Eckhart gibt auch handfeste Hinweise, wie man angesichts eines Unglücks Trost finden könne: Man solle sich vor Augen führen: Kein Schaden ist nur ein Schaden; in der Natur kommt nichts zu einem Ende, ohne dass ein neuer Anfang dadurch möglich würde; dann solle man den Blick auf das richten, was man an Gutem noch behalten hat; dann solle man an diejenigen denken, denen es schlechter geht als dir; und dann solle man sich darüber klar werden, was noch Schlimmeres hätte geschehen können. Das sind „Regeln für das Trösten", die man zum eigenen Trost und zum Trösten anderer gebrauchen kann.

Trost ist also vor allem auch eine Frage des Blickwinkels. Wir können schließlich nicht mehr ändern, was geschehen ist, aber doch an der Einstellung zum Geschehenen arbeiten. Und diese Änderung der Sichtweise hat vor allem mit einem Gespräch zu tun, damit, dass wir uns mit einem lieben und wohlmeinenden Menschen austauschen. Trost hat dann mehr mit der Beziehung als mit dem Inhalt zu tun. Die Frage, *wer* spricht und *wie* etwas gesagt wird, ist mindestens ebenso wichtig wie die Frage, *was* gesagt ist. Die gute Beziehung erinnert allein dadurch, dass es sie gibt, an etwas, das auch angesichts von Widrigkeiten hält. Es ist auch entscheidend, dass die besondere Situation als besondere Situation wahrgenommen und ernst genommen wird. Jeder Mensch hat den Wunsch und auch das Recht, als einzigartiger Mensch gesehen zu werden und nicht als „Fall von etwas Allgemeinem"; wenn man etwa einem sterbenden Menschen sagt „Du bist jetzt in der dritten Phase nach dem Schema von Elisabeth Kübler-Ross", dann ist das in der Regel nicht hilfreich. Schmerz und Leiden, das Trost erfordert, werden von jedem Menschen in einer einmaligen Weise empfunden und verarbeitet. Es ist für Menschen tröstend, wenn sie ernst genommen werden; wenn sie in ihrem Leiden gesehen und wenn das Leiden nicht durch gutgemeinte Grobheit, wie das mitunter vorkommt, kleingeredet wird. Es ist tröstend, wenn die belastende Situation sich in einer Offenheit zeigt, gleichsam wie ein Raum, in dem die Tür nur angelehnt oder halb offen ist; oder doch wenigstens wie ein Raum, der Fenster nach außen hat. Trost richtet sich vor allem gegen die Angst; Angst macht eng und klein, schnürt ein und fesselt; Trost öffnet demgegenüber eine Weite, eine Offenheit, zeigt Möglichkeiten auf. Aus diesem Grund sind ein Eingeständnis des Mysteriums, das die Vorsehung Gottes für uns darstellt, eine Erinnerung an die Gegenwart Gottes, eine Erinnerung an die Möglichkeit der inneren Verbindung mit Gott durch das Gebet und eine Erinnerung an die Kraft des Gebets trostspendend. Denn durch diese Erinnerungen wird eine Offenheit geschaffen, ein Leben angesichts eines Mysteriums, das wir Menschen nicht durchschauen können. Um ein Beispiel zu nennen: Pater Gereon Goldmann, ein Franziskanerpater, der im Zweiten Weltkrieg als Sanitäter arbeiten musste, hat ein berührendes Buch über die Macht des Gebets geschrieben, mit vielen und handfesten Beispielen von Gebetserhörungen, und dies aus der Feder eines nüchternen Mannes. Dieses autobiographische Buch (*Tödliche Schatten – tröstendes Licht*) hat vielen Menschen Trost in schweren Stunden gegeben. Wer an die Kraft des Gebets glauben kann – und „dichte Beschreibungen" von erhörten Gebeten machen das leichter –, weiß sich beschützt, geborgen und auch erfüllt von einer Offenheit, „was geschehen könnte". Wenn ein Mensch sich auf einen Weg mit dem lebendigen Gott einlässt, dann steckt das Leben dieses Menschen voller Überraschungen.

In der christlichen Tradition ist der Trost eine Gabe des Heiligen Geistes. Oder mehr noch. Der Heilige Geist ist selbst Trost. Wenn wir uns noch einmal ansehen, wie Jesus in seinen Abschiedsreden die Jünger tröstet (Joh 14,15–31), so sehen wir, dass er ihnen verspricht, den Vater zu bitten, den Heiligen Geist als Beistand zu senden. „Ich werde euch nicht als Waisen zurücklassen" (Joh 14,18). Damit drückt Jesus seine bleibende Verbindung mit den Jüngern aus („ich sorge mich um euch", „ihr seid mir wichtig") und lenkt ihren Blick auf das Neue, das durch seinen Abschied möglich wird – das Kommen des Heiligen Geistes, des Geistes der Wahrheit. Immer wieder erinnert Jesus in diesem tröstlichen Abschiedswort an die Macht und Kraft der Liebe; und er erinnert an den Vater im Himmel, der über Jesus und den Jüngern steht. Hier haben wir also drei Kernaussagen im Trost: Ich sorge mich um euch. Aus dieser Sorge wird etwas Neues, Gutes kommen, das ohne meinen Abschied nicht möglich wäre. Wir sind alle in der Hand des himmlischen Vaters. Und ein Viertes: Jesus spricht den Jüngern den Frieden zu und bittet sie, sich nicht beunruhigen zu lassen und nicht zu verzagen (Joh 14,27). Das Loslassen fällt leichter, wenn der Mensch, von dem wir Abschied nehmen müssen, mit dem Abschied im Reinen ist, wenn er in Frieden gehen kann. Tröstend wirkte denn auch der Satz: „Wenn ihr mich lieb hättet, würdet ihr euch freuen, dass ich zum Vater gehe" (Joh 14,28). Hier fällt das, was losgelassen wird, nicht ins Leere, die Jünger werden Jesu Begleitung vermissen, aber weder sie noch er sind ohne Behausung. Eine Schlüsselstelle zum Verständnis des Trostes in der christlichen Tradition ist der Anfang des zweiten Korintherbriefs (2 Kor 1,4–7). Hier wird Gott als „Gott allen Trostes" beschrieben. Er ist die Quelle von Kraft in der Not; das ist Trost. Durch Christus werden uns Leiden und auch Trost zuteil; das könnte man vielleicht so verstehen, dass sich durch Christus das Leben in einer Ernsthaftigkeit und Tiefe einstellt, die mit Leiden verbunden ist, aber auch mit einer nicht erschöpfbaren Kraftquelle. Quelle von Trost ist die Geduld: Wer gut mit schwierigen Zeiten umgeht, wird gestärkt aus diesen schweren Zeiten hervorgehen. Was trägt, ist die unerschütterliche Hoffnung.

Hoffnung

Loslassen hat viel mit der Kunst des Hoffens zu tun; wenn wir etwas loslassen, haben wir die Hoffnung, dass unser Loslassen Frucht bringt, uns zu einem Neuanfang führt. Aus diesem Grund liegt ja auch ein Zauber in jedem Abschied. Gerade in einer Zeit, in der sehr viel geklagt und gejammert wird, in einer Zeit, die auch Zeichen von Angst und Resignation, von Ermüdung und der Erfahrung von Druck und Belastung trägt, ist es wichtig und richtig, den Blick auf die Hoffnung zu richten und uns zu fragen: Wie können wir eine Kultur der Hoffnung gestalten? Zunächst die Frage: Was ist Hoffnung? Sie ist einmal eine Weise, die Welt zu sehen. Sie ist eine Grundhaltung, die starke Zuversicht ausstrahlt und Kraft zum Handeln schenkt. Sie kann eingeübt, sie kann gestärkt werden. Hoffnung ist eine der drei göttlichen Tugenden, die als Geschenk der göttlichen Gnade den Menschen zu einer Lebensführung befähigen, die dem göttlichen Anruf entspricht. Ihrem Inhalt nach ist sie die Zuversicht der einstigen Teilhabe am „Leben der kommenden Welt". Die so verstandene Hoffnung gewann philosophisch zentrale Bedeutung bei Immanuel Kant mit der bekannten Frage: „Was darf ich hoffen?", deren Beantwortung die Aufgabe der Religion ist. Inhalt der Hoffnung, die allem revolutionären Handeln zu Grunde liegt, ist seit der marxistisch-kommunistischen Bewegung bis heute die Heraufführung einer „klassenlosen Gesellschaft". Die so verstandene Hoffnung ist für Ernst Bloch ein „Prinzip", das nicht nur alles moralisch-politische Handeln bestimmt, sondern zugleich dazu anleitet, in den Gestaltungen der Kunst und in den Bildern der Religion den „Vor-Schein" der kommenden Welt zu entziffern. Die größte Gefährdung der so erhofften Zukunft beruht darauf, dass immer wieder in der Geschichte die moralisch begründete revolutionäre Befreiung der Menschen in neue Unterdrückung und die Herrschaft neuer Klassen, besonders der revolutionären Eliten, umschlägt. Christliche Hoffnung widersteht diesem für revolutionäre Ideologien charakteristischen Zwang zur zwischenmenschlichen Verfeindung (J. B. Metz), weil sie nicht nur für die „Verdammten dieser Erde", also für die Opfer ungerechter Ausbeutung und Gewalt, Partei ergreift, sondern zugleich den Sündern die göttliche Vergebung verkündet. Christliche Hoffnung ist also eine Grundhaltung des Vertrauens in Sinn und Vollendung der persönlich-individuellen Biographie (über die Erfahrung des Todes hinaus), der gesellschaftlichen, kulturellen und politischen Geschichte sowie der Entwicklung des Kosmos insgesamt. Sie gründet in der biblischen Botschaft von der eschatologischen Nähe des Reiches Gottes und der Erfahrung der Auferstehung Jesu.

Der erwähnte vietnamesische Erzbischof und spätere Kardinal Francis Văn Thuân, der dreizehn Jahre im Gefängnis war, davon neun Jahre in Isolationshaft, hat das Thema der Hoffnung zu seinem Lebensthema gemacht. Er hat im Gefängnis die Hoffnung aufrechterhalten durch Zeichen und Akte des Glaubens, durch die Besinnung auf das je größere Mysterium. Er hat das Stundengebet der Kirche gebetet, den Gottesdienst gefeiert, so gut es ging. Er hat versucht, einen Rhythmus und eine Kultur der Regelmäßigkeit zu leben; er hat viel gebetet, das Mysterium der Eucharistie gefeiert, die Heiligen angerufen, zur Muttergottes gefleht – und so den Sinn in sich lebendig erhalten, dass ein Mensch, der glaubt, auch in der Isolationshaft nicht allein ist. Er hat das schöne Wort Papst Benedikts XVI. „Wer glaubt, ist nicht allein" in seinem Leben verwirklicht. „Der Betende ist nie ganz allein", schreibt der Papst in seiner Enzyklika über die Hoffnung. Die Grundhaltung und die Tugend der Hoffnung kann also eingeübt werden durch Rituale, Regelmäßigkeit und einen Sinn für das Mysterium. Das können wir uns auch in unserem Leben zu eigen machen, indem wir in unseren Pfarren und Familien die religiösen Zeichen und Handlungen lebendig und regelmäßig pflegen und uns gegenseitig erinnern an das Mysterium, das uns umgibt. Wie viel Hoffnung doch vom Tischgebet, vom Abendgebet mit den Kindern, vom gemeinsamen Rosenkranzgebet in der Familie, vom Gottesdienstbesuch am Tag des Herrn ausgeht! Mutter Teresa hat das so klar ausgedrückt: „Eine Familie, die gemeinsam betet, bleibt zusammen." Eine unerschöpfliche Quelle von Hoffnung, Trost und Kraft ist das Jesusgebet, wie es in der ostkirchlichen Tradition gepflegt wird. Immer wieder den kurzen Satz zu sprechen, mitten am Tag oder auch konzentriert in einer Stunde der Anbetung: „Herr Jesus Christus, Sohn Gottes, hab Erbarmen mit mir". Immer wieder. In der Wiederholung liegt Tiefe. Ebenso, wie wir bei Etty Hillesum gesehen haben, sind Schweigen, Ruhe und Meditation Wege nach innen, Wege zum Loslassen. Hoffnung als Grundhaltung und Tugend braucht, wie Papst Benedikt XVI. in seiner Enzyklika *Spe Salvi* ausführt, „Lernorte". Wir dürfen sie nicht verlernen, die Kunst der Hoffnung. Wir müssen sie immer wieder einüben. Wir müssen sie einüben in den kleineren und größeren Hoffnungen, die sich durch unseren Alltag ziehen – in der Hoffnung, dass wir von einer Reise gesund wieder heimkommen; in der Hoffnung, dass eine Operation gut ausgeht; in der Hoffnung, dass die Kinder das Schuljahr gut bestreiten; in der Hoffnung, dass eine Arbeit gut gelingt. Ein wichtiger Lernort für die Hoffnung ist der bewusste Blick auf hoffende Menschen, die aus der Kraft der Hoffnung gelebt haben, wie die Heiligen Rupert, Virgil und Erentrudis, wie der heilige Franz von Assisi und die heilige Klara, wie der heilige Adolph Kolping, der heilige Johannes Bosco. Oder wie der erwähnte selige Carl Lampert, der in seinem Abschiedsbrief an seinen Bruder Julius aus dem Zuchthaus in Halle an der Saale am 13. November 1944, dem Tag seiner Hinrichtung, geschrieben hat: „Finsternis ist geworden, aber der Tag leuchtet auf; auf dich, Herr, habe ich gehofft." Und aus dieser Hoffnung auf die Kraft der Liebe, wie nur Gott sie schenken kann, schreibt Carl Lampert weiter: „Ich bin nun recht arm, kann Dir nichts mehr schenken als meine treue Bruderliebe und Sorge über's Grab hinaus; denn die Liebe stirbt ja nicht, und ich trage sie nun zum Quell aller Liebe, zu Gott, und dort wird sie nur noch inniger, reiner, fester und hilfreicher." Im November 2011 schrieb Tatjana Goritschewa aus Russland einen Brief, in dem sie zu Papier bringt: „Liebe Freunde, in Russland fängt das Weihnachtsfasten an. Die Zeit der Hoffnung, des tiefen Gebets und (vor allem) der Reue. Die russischen Kirchen sind überfüllt. Man weint, man dankt, man wird glücklich. Das alltägliche Leben des einfachen Russen ist nicht leichter geworden: Die russische Wirtschaft mit allen Infrastrukturen ist zerstört, die gute Bildung und die normale Medizin existieren nicht, die Korruption, die Kriminalität, Alkohol- und Drogengebrauch wachsen. Der Winter ist schon da. Viele Menschen hungern und frieren, da das alte Heizungssystem kaputtgegangen ist. Die Hoffnung stirbt zuletzt. Wir haben sie nicht verloren. ‚Wo die Gefahr ist, da wächst das Rettende auch.' Ich bin glücklich zu sehen, wie stark der Glaube des russischen Volkes an das Heilige ist … Man glaubt nicht an die Politik, an das Geld, man glaubt an die Wunder – und sie geschehen. Allein für Gott will man leben, leiden, Heldentaten vollbringen. Man glaubt auch an die große christliche Solidarität. Man dankt ihnen, man betet für alle, die im Westen auch das leidende Russland nicht vergessen. Ihre dankbare Tatjana Goritschewa." Wenn wir auf diese Hoffnungsträgerinnen und -träger blicken, wenn wir ihre Überzeugung festhalten, wird eine Kraft in uns aufsteigen – es ist die Kraft, die aus dem Vertrauen auf die Macht der Liebe kommt. Wenn wir glauben können, dass kein Akt der Liebe jemals umsonst ist, wenn wir glauben können, dass jede liebevolle Geste, jedes liebevolle Wort weit über sich hinauswirkt, wenn wir glauben, dass die Kraft der Liebe niemals zerstört werden kann, weil sie von Gott kommt – dann wissen wir, wo die Hoffnung herrührt und wo wir sie schöpfen können. Das bedeutet vor allem auch: Perspektiven der Hoffnung gewinnen wir, indem wir lieben und Gutes tun. Es ist im Grunde wirklich so einfach. Papst Benedikt XVI. schreibt in *Spe Salvi*: „Hoffnung im christlichen Sinn ist immer auch Hoffnung für die anderen" (34). Ein Mensch, der anderen dienen will, strahlt Hoffnung aus und baut in sich Hoffnung auf. Ein Mensch, der all seine Zuversicht mit der ganz großen Verheißung, die nur von Gott kommen kann, verbindet, lebt ein Leben aus der Hoffnung, die nicht zerstört werden kann. Wenn wir uns mutlos und ängstlich fühlen, gefangen von Müdigkeit und Resignation, dann ist es gut, einen Akt der Liebe zu setzen – einen Brief zu schreiben, der lange schon hätte geschrieben werden sollen; einen Besuch zu machen, den wir immer aufgeschoben haben; eine Einladung auszusprechen, die überfällig war; eine Geste der Versöhnung in einem Streitfall zu setzen; eine Spende zu geben an die, die in Not sind.

Wenn wir aus Liebe handeln, kommt die Hoffnung leibhaftig in die Welt. Warum? Weil wir durch unser Handeln zeigen (auch uns selbst zeigen!), dass wir die Welt verändern können, dass es möglich ist, die Welt zu einem besseren Ort zu wandeln; weil wir Gutes aussäen und die Saat des Guten immer aufgeht; weil wir andere daran erinnern, dass wir Menschen nicht nur aus den Wurzeln von Gier und Selbstsucht und Angst handeln können, sondern aus innerer Weite und innerer Kraft und innerer Güte; weil wir schließlich, wenn wir Gutes tun, unser Gottvertrauen ausdrücken können, unser Vertrauen, dass Gott unser Tun segnet und begleitet.

Wir schaffen eine „Kultur der Hoffnung", indem wir Freundschaften pflegen, die Familien behüten, die Gemeinschaft bauen, gerade auch durch unseren Dienst. Alle, jeder einzelne Christ kann so zum Hoffnungsbringer werden, zur Hoffnungsträgerin, zum Hoffnungsträger. Im Jahr 2012 feiern wir das Konzilsjubiläum. Das Zweite Vatikanische Konzil hat vor 50 Jahren begonnen. Wir gedenken hier auch ganz besonders eines bedeutenden Hoffnungsträgers, nämlich des seligen Papstes Johannes XXIII. Am 24. Mai 1963, einen Tag nach Christi Himmelfahrt, jenem Fest, das uns an die Zusage der andauernden Gegenwart Christi erinnert, einen Tag nach diesem Fest also diktierte der sterbende und hoffnungsfrohe Papst vom Krankenbett aus ein paar Sätze, die auch 50 Jahre danach so noch gültig sind: „Die Welt von heute, die Bedürfnisse, die in den letzten fünfzig Jahren offenbar wurden, und ein tieferes Verständnis kirchlicher Lehre haben uns in eine neue Situation gebracht. Nicht das Evangelium ändert sich, sondern wir beginnen, es besser zu verstehen. Die Menschen, die so lange gelebt haben wie ich, ... konnten verschiedene Kulturen und Traditionen vergleichen und wissen, dass der Augenblick gekommen ist, die Zeichen der Zeit zu erkennen, die Gelegenheit zu ergreifen und weit nach vorne zu blicken."

Gottvertrauen

Eine der größten Geißeln, die uns quälen, ist die Angst. Sie lähmt uns und treibt uns gleichzeitig. Sie lässt uns mitten in der Nacht aufwachen; wir fühlen uns wehrlos und machtlos. Sie bricht manchmal über uns herein und gibt uns zu verstehen, dass wir dem Leben nicht gewachsen sind. Wir haben Angst vor Misserfolg, Angst vor Krankheit, Angst vor dem Tod, Angst vor dem Verlust des Arbeitsplatzes, Angst um die Kinder, Angst davor, überfordert zu werden. Angst ist wie eine Wunde, ist wie eine Krankheit, ist wie Gift, das in uns eindringt. Das Heilmittel gegen die Angst, das die Angst nicht nur lindert, sondern wirklich von innen her heilen kann, ist das Gottvertrauen; das Vertrauen in die lebendige Liebe Gottes und in die Kraft dieser Liebe. Gottvertrauen ist wohl das Wichtigste beim Loslassen. Gottvertrauen bedeutet, ruhig und mit einer damit verbundenen Heiterkeit das Leben in Gottes Hände zu legen. Dann leben wir auf Gott hin und aus der Überzeugung, dass Gott gegenwärtig ist. Psalm 139 erinnert daran, dass der Mensch vor Gott nicht fliehen kann (Ps 139,7–10: „Wohin könnte ich fliehen vor deinem Geist, wohin mich vor deinem Angesicht flüchten? ..."). Das ist vor allem auch etwas Tröstliches – Gott ist mit uns, wo wir auch sind.

Gottvertrauen kann und will genährt werden. Wie wird das Vertrauen zu einem Menschen genährt? Wie lernen wir es, einem Freund zu vertrauen? Hier ist die Erfahrung entscheidend, dass der Freund unser Wohl will; es ist auch wichtig, dass der Freund, dem wir vertrauen wollen, seine Versprechen hält. Vertrauen entsteht auch dadurch, dass wir uns auf den Freund verlassen können, dass er für uns da ist. Ähnlich können wir unser Vertrauen in Gott nähren: Wir dürfen Erfahrungen machen, dass wir Gott vertrauen dürfen. Schauen wir doch auf all das Gute, das Gott uns geschenkt hat; wie viel haben wir empfangen! Der Blick auf das, was uns dankbar sein lässt, stärkt unser Gottvertrauen. Es ist auch stärkend, wenn wir von anderen Menschen und ihren Erfahrungen mit Gott hören dürfen. Es ist stärkend, Zeugnisse über gelebtes Gottvertrauen zu hören und zu lesen. Es ist so tröstlich, einem Menschen zu begegnen, der fest im Gottvertrauen verankert ist. Unser Gottvertrauen wird auch durch die Heilige Schrift gestärkt, wenn wir lesen, wie Gott uns um Vertrauen bittet und diesem Vertrauen auch Recht gibt. Eine ganz tiefe Erzählung über das Vertrauen in Gott, der Ungerades wieder gerade machen kann, ist die Josefserzählung im Buch Genesis. Die Brüder des Josef wollen ihm Böses. Sie wollen ihn aus Eifersucht töten, dann verkaufen sie ihn in die Sklaverei. Und Gott wendet das Schicksal des Josef. Da finden wir den Satz, den Josef zu seinen Brüdern am Ende sagt: „Ihr habt Böses gegen mich im Sinn gehabt, Gott aber hatte dabei Gutes im Sinn, um zu erreichen, was heute geschieht" (Gen 50,20). Oder anders übersetzt: „Ihr gedachtet es böse mit mir zu machen, aber Gott gedachte es gut zu machen." Das Wort Gottes stärkt unser Gottvertrauen. Unser Gottvertrauen wird auch durch das Gebet gestärkt – wenn wir regelmäßig beten, gerade auch in den Zeiten, in denen die Dinge nicht so schwer sind, stärken wir unser Vertrauensfundament. Eine besondere Quelle für das Gottvertrauen ist das bereits erwähnte Jesusgebet oder auch ein anderes „Festhalten an einem Satz". Es kann auch unser Gottvertrauen stärken, wenn wir bestimmte Gebete auswendig wissen, etwa den Psalm 23 oder den Pfingsthymnus. Gottvertrauen können wir stärken, wenn wir den Tag in der rechten Weise beginnen und in der rechten Weise beschließen: Gottvertrauen ist vor allem auch eine Sache der inneren Haltung – wenn wir lernen, jeden Tag vertrauensvoll in Gottes Hände zu legen, dadurch, dass wir uns am Beginn des Tages auf den Tag einstimmen, und dadurch, dass wir den Tag am Abend in Gottes Hände zurücklegen mit allem, was war. Das macht uns ruhig. Wir brauchen uns nicht um das Morgen zu sorgen im Sinne der müßigen Sorgen, um Dinge, die wir nicht ändern und nicht vorhersagen können.

Diese Form des Gottvertrauens hat auch mit dem zu tun, was man „Gottesfurcht" nennen kann. Damit ist gerade nicht „Angst vor Gott" gemeint, sondern eine ehrfurchtsvolle Haltung, die uns um Heiliges wissen lässt, eine „heilige Scheu", die uns ein Mysterium schenkt. Gottesfurcht ist Anfang der Erkenntnis (Spr 1,7) und Anfang der Weisheit (Spr 9,10), Gottesfurcht führt zum Leben (Spr 19,23) und erhebt das Herz (Sir 40,26). Ohne Gottesfurcht bricht das gebaute Haus zusammen (Sir 27,3). Gottesfurcht ist ein Gefühl für die Heiligkeit Gottes, eine Einsicht, dass unser Willen dem göttlichen Willen unterworfen ist, eine Lebenshaltung, die das eigene Leben als Teil einer größeren und auch gottgewollten Ordnung ansieht. Das heißt nicht, dass wir nicht frei sind. Aber es heißt, dass wir unser Leben in einer je größeren Ordnung leben, die Gott gegeben hat. Und es heißt auch, dass wir an Gott glauben, der auch fügt und eingreift, nicht bloß zulässt und geschehen lässt.

Der französische Jesuit Jean-Pierre de Caussade (verstorben 1751) ist ein wichtiger Lehrer auf dem Weg zum Gottvertrauen. In vielen Briefen und in einem bekannten Werk über die göttliche Vorsehung („Hingabe an die göttliche Vorsehung") gibt er uns Hinweise auf ein Leben aus der Kraft des Gottvertrauens. Wir müssen lernen, in jeder Situation auch ein Moment des göttlichen Willens zu sehen. Pater de Caussade hat den Menschen geraten, anzunehmen, was ihnen das Leben auferlegen würde. Dann kann man Frieden haben, selbst wenn die Dinge, die man erfährt, widrig sind und gerade nicht das bringen, was wir uns wünschen. Geistliche Reife hat viel mit dieser Bereitschaft zu tun, auch das anzunehmen, was wir uns nicht ausgesucht hätten. Ein Mensch, der inneren Frieden aus dem ehrlichen Gottvertrauen erlebt hat, wird sich in allem bemühen, den Willen Gottes zu suchen und zu tun. Wenn wir Gott wirklich vertrauen, dann können wir loslassen von all den kleinlichen und einengenden Sorgen und Ängsten. Dann können wir aus der heiteren Gewissheit leben, dass wir nie tiefer fallen können als in Gottes Hand. In einem Brief an Schwester Marie-Thérèse de Vioménil schreibt Pater de Caussade 1740, nachdem er ein ihm unangenehmes Amt übernehmen musste: „So wird Gott, hoffe ich, überall helfend eingreifen. Mich beseelt ein derartiges Vertrauen auf seine Vorsehung, dass ich über alles hinwegkomme. Inmitten von tausend Sorgen und Schwierigkeiten bleibe ich ruhig, während ich vordem natürlicherweise fürchtete, sie würden mich fast erdrücken. Wohl ist es wahr, am meisten trägt zu diesem tiefen Frieden die Seelenverfassung bei, die mir Gott gnädig verliehen, vor nichts zu bangen, noch etwas erhaschen zu wollen in dieser kurzen Spanne Lebenszeit." Und in einem anderen Brief. „Wenn wir alles Gott überlassen, geht alles gut. Das einzige Mittel, unsre wahren Belange unfehlbar zu fördern, liegt darin, Gott machen zu lassen. Ich sage: unsre wahren Belange, denn es gibt falsche, die zu unserm Unheil führen." Gott machen zu lassen ... Pater de Caussade verwendet auch das Bild einer Leinwand. Man solle „hinhalten wie die Leinwand", die ein großer Meister bemalen will. Es kann eine Zeitlang dauern, bis Farben zerrieben und gemischt sind, bis alles aufgetragen und abgetönt ist ... der Mensch soll geschehen lassen und die Leinwand gut aufgespannt halten zwischen den beiden festen Stützen der Demut und der Hingabe. Wir haben in dem Maße Ruhe und Heiligkeit, in dem wir Gottvertrauen haben. Wir sollen in einer Haltung der Hingabe leben, die freilich Gnade braucht. Wenn etwas schiefläuft, sollen wir umso fester auf Gott vertrauen, und die Dinge werden wieder ins rechte Geleise kommen. Wir müssen uns vor Augen führen: Gott liebt uns mehr, als wir uns selbst lieben. Gott kann auch unselige Ereignisse zum Guten lenken, und er kann auch kleinen Begebenheiten eine große Bedeutung geben. Aber das sollen wir ihm überlassen. Pater de Caussade ist sich dessen bewusst, dass seine Einstellung einfältig erscheinen mag, aber diese „heilige Einfalt", die nur Gott im Auge behält, hat ihn zu einer geistlichen Autorität werden lassen, zu einem Lehrer des Gottvertrauens.

Pater de Caussade betont, dass das Gottvertrauen damit wächst, wenn wir uns ganz auf Gott einlassen, wenn wir auf Gott hören. Wir können Gott vertrauen, der immer für uns da ist, der uns immer hört. Diesen einfachen Gedanken sollten wir pflegen: Gott hört uns. Gott hört uns zu. Eine gute Übung, um sich das Hören Gottes besser vor Augen stellen zu können, ist der Blick auf Jesus: Jesus hat nicht nur gelehrt und geheilt, gehandelt und gespeist; er ist vor allem auch ein Hörender, ein Zuhörender gewesen. Gehen wir bei Jesus, dem Meister des Hörens, in die Schule. Immer wieder finden wir Jesus in den Evangelien im Gebet, als denjenigen, der mit Gott spricht und auf Gott hört. Der Evangelist Lukas bringt uns den zwölfjährigen Jesus im Tempel als einen Zuhörenden näher: Jesus sitzt mitten unter den Schriftgelehrten, hört ihnen zu und stellt Fragen (Lk 2,46). Jesus hört aufmerksam, von einer Position der Mitte aus, zu. Diese Aufmerksamkeit zeigt sich im wachen Fragen. Die Aufmerksamkeit des Hörens ist es auch, die Jesus in der Begegnung mit Jairus zum Tröstenden und Heilenden werden lässt: Der Synagogenvorsteher erhält, während er mit Jesus spricht, die Nachricht vom Tod seiner Tochter, verbunden mit dem Hinweis, dass der Meister nicht mehr bemüht werden müsse. „Jesus hörte es" (Lk 8,50) und spricht dem Jairus Hoffnung und Trost zu („Sei ohne Furcht; glaube nur, dann wird sie gerettet"). Das wache Hören Jesu wird zum Schlüssel für die Heilserfahrung. Jesus hört zu und weiß, wo Not ist. Deutlich wird dies in einer berührenden Begegnung mit dem Blinden bei Jericho. Der Blinde beginnt zu rufen, als er hört, dass Jesus in die Stadt gekommen ist (Lk 18,36). Dieses Hören wird für ihn die Grundlage für sein Rufen. Alle hören das Schreien des Blinden; sie werden ärgerlich und befehlen ihm zu schweigen. Jesus wird nicht ärgerlich; er hört das Schreien und holt den Blinden in die Mitte. Er schenkt ihm eine Erfahrung der Mitte und der Nähe. Und er stellt ihm eine Frage: „Was soll ich dir tun?" (Lk 18,41). Dann hört Jesus zu; er wartet ab, was der Blinde nun sagen wird; er hört dessen Wort („Ich möchte wieder sehen können") und handelt danach. Das Hören wird Schlüssel zum Herzen des Blinden; das Hören leitet Jesu Handeln an. Immer wieder sehen wir in den Evangelien, wie Jesus eine Frage stellt und dann aufmerksam auf die Antwort wartet. Er stellt tiefe Fragen, die eine tiefe Antwort verdienen, auf die es sich hörend zu warten lohnt. Er frägt den Dämon des Besessenen von Gerasa: „Wie heißt du?" (Mk 5,9). Er frägt die Jünger: „Für wen haltet ihr mich?" (Mk 8,29). Er frägt Jakobus und Johannes, die mit einer Bitte zu ihm kommen: „Was soll ich für euch tun?" (Mk 10,36). Jesus stellt eine Frage und schafft damit einen Raum des Hörens. Diesen Raum des Hörens sehen wir in den besonderen Begegnungen und Gesprächen, die Jesus führt – mit Nikodemus (Joh 3), mit der Frau am Jakobsbrunnen (Joh 4), mit dem Gelähmten von Betesda (Joh 5). Jesus hört zu und bittet um das Hören. Jesus gibt denen, die hören, besondere Nähe. Er betont, dass es nicht selbstverständlich ist, dass die Gabe des Hörens gegeben ist. „Wer Ohren hat, der höre" (Mt 13,43). Diejenigen, die die Gabe und Gnade des Hörens haben, sind Jesus nahe. So kann er im Lukasevangelium die Feldrede mit den Worten einleiten: „Euch, die ihr mir zuhört, sage ich ..." (Lk 6,27). Diejenigen, die zuhören, werden mit dem Wort genährt; diejenigen, die Jesus begegnet sind, dürfen Hörer des Wortes werden; oder auch: diejenigen, die Hörer des Wortes geworden sind, dürfen noch tiefer eintauchen in das Mysterium der Liebe. Berührend auch dieses Beschenken des hörenden Menschen in der Begegnung mit Maria, der Schwester der Marta. Maria hört den Worten Jesu zu (Lk 10,39). Damit hat sie „das Bessere gewählt, es soll ihr nicht genommen werden" (Lk 10,42). Wenn wir vertrauensvoll auf Jesus hören, wenn wir vertrauensvoll Jesus zuhören, dann haben wir „das je Bessere" erwählt. Jesus gibt denen, die auf ihn hören, besondere Kraft und Macht. So kann er in der Aussendung der Jünger sagen: „Wer euch hört, der hört mich" (Lk 10,16). Damit werden auch die Menschen, die Jesus gehört, angehört und zugehört haben, zu Boten eines Wortes, das die Adressaten zu Hörern des Wortes macht. So kann das Gottvertrauen weitergetragen werden. Besonders bewegend ist das Hören Jesu im bereits angesprochenen Emmausevangelium: Jesus geht mit den beiden niedergeschlagenen Jüngern mit und hört ihnen zu – „während sie redeten und ihre Gedanken austauschten, kam Jesus hinzu und ging mit ihnen" (Lk 24,15). Hier sehen wir Jesus ganz und gar als den Zurückhaltenden, der Raum für Austausch und Rede gibt, indem er mitgeht und zuhört. Wiederum sehen wir waches Zuhören, das sich in der Frucht der Frage niederschlägt; eine Frucht, die die beiden Jünger zum Stehenbleiben bringt, in eine Erschütterung hinein; dann sind sie offen, Hörer des Wortes zu werden, das Jesus ihnen schenkt. Wir sind eingeladen, auf Jesus zu hören. Klarer als die Mutter des Herrn bei der Hochzeit von Kana kann man es wohl nicht ausdrücken: „Was er euch sagt, das tut" (Joh 2,5). Hört ihm zu und hört auf ihn und lebt das, was ihr hört! Dieses Zuhören ist uns aufgetragen. Auf den geliebten Sohn Gottes sollen wir hören! (vgl. Mt 17,5). Vergessen wir nicht, dass diese Worte in einer Verklärung gesprochen wurden, und dass die Jünger, nachdem sie dieses machtvolle Wort hörten, mit großer Angst zu Boden fielen. Das Wort Gottes ist machtvoll, ist gewaltig, beansprucht. Auch diese Macht schenkt Vertrauen. Das Wort ist, wenn man so will, nicht nur das sanfte Säuseln. So kann denn durch das Hören auf ein kraftvolles Wort auch unser Gottvertrauen kraftvoll werden.

Kraft schenkt das Gottvertrauen, wenn wir es uns lebendig zu eigen machen. John Henry Newman, der spätere Kardinal Newman, hat in einer Meditation vom 7. März 1848 darüber nachgedacht, was es doch heißt, Gott zu vertrauen. Es sind Gedanken etwa in diesem Sinn: Gott kennt mich und nennt mich beim Namen. Gott hat mich erschaffen, damit ich auch einen Dienst tue. Er hat mir eine bestimmte Aufgabe zugedacht, die er niemandem sonst zugedacht hat. Ich bin Teil eines großen Ganzen. Deswegen vertraue ich Ihm. Alles, was ich bin, und alles, was mir widerfährt, kann Gott dienen. Gott tut nichts umsonst, nichts grundlos. Lass mich ein Werkzeug Gottes sein. … Wenn wir dies wirklich fest glauben, dann haben wir einen großen Schritt in der Schule des Vertrauens und des Gottvertrauens gemacht. Das sind tiefe Gedanken. Gottvertrauen ist vor allem der Weg, sich Gottes Führung zu überlassen, von da her tatkräftig das Leben anzugehen und nicht bei jeder kleinen Begebenheit zu spekulieren, was die Bedeutung dieses Ereignisses denn in Gottes Augen sein könnte. Alles liegt in Gottes liebenden Händen. Er ist stets gegenwärtig. Alles hat Bedeutung; aber wir können es Gott überlassen, welche Bedeutung ein bestimmtes Ereignis in unserem Leben hat. Eine Haltung des Gottvertrauens macht das Leben einfach: Im Grunde kommt es darauf an, in jedem Augenblick zu lieben und zu vertrauen.

Wenn wir wirklich an Gott glauben, wenn wir wirklich glauben, dass Gott mit uns auf dem Weg ist, so wie Jesus die Jünger von Emmaus begleitet hat – wovor sollen wir Angst haben? Wir beten im „Vater Unser": „Dein Name werde geheiligt". Es ist wohl keine reinere Weise, Gottes Namen zu heiligen, als durch vollkommenes und selbstverständliches Gottvertrauen. Wenn wir unser Leben Gott übergeben, wenn wir uns Gottes Führung anvertrauen: „Nur wenige Menschen ahnen, was Gott aus ihnen machen würde, wenn sie sich ihm ganz überlassen würden", hat Ignatius von Loyola einmal geschrieben. Wenn wir beten „Dein Wille geschehe", so soll uns diese Bitte keine Angst machen, denn wir sind in guten Händen, wir sind in den Händen Gottes, der uns liebt. Wir glauben ja an einen Gott der Menschenfreundlichkeit. Im Buch der Weisheit wird die Weisheit als ein menschenfreundlicher Geist beschrieben (Weish 1,6; 7,23), der Gerechte wird auch über seine Menschenfreundlichkeit charakterisiert (Weish 12,19). Menschenfreundlichkeit ist grundsätzliches Wohlwollen den Menschen und jedem einzelnen Menschen gegenüber, tätige Sorge um das Wohl und Heil des Menschen; eine Grundhaltung von Wärme und Güte mit Blick auf den Menschen. Jesus spricht diese Menschenfreundlichkeit in Joh 10,10 an: „Ich bin gekommen, damit sie das Leben haben und es in Fülle haben". Diese Menschenfreundlichkeit kommt etwa auch im berühmten Wort, dass der Sabbat für den Menschen da sei und nicht der Mensch für den Sabbat (Mk 2,27) zum Ausdruck. Wir glauben an einen Gott, der den Menschen wohl will, an einen Gott, der die Welt so sehr liebt, dass er seinen einzigen Sohn hingab (Joh 3,16). Im Vertrauen auf diesen menschenfreundlichen Gott brauchen wir keine Angst zu haben. Bei Ihm sind wir in Sicherheit. Gott schaut auf uns. Wenn wir lernen, loszulassen, können wir unseren Blick allein auf Gott richten. Dann ist alles gut. Und dann können wir mit Juliane von Norwich sagen: „Alles wird gut sein und aller Art Dinge wird gut sein".

Literaturverzeichnis

Hannah Arendt, Vita activa oder Vom tätigen Leben. München [10]2011.

Alan AtKisson, The Lagom Solution. In: Cecile Andrews und Wanda Urbanska (Hgg.), Less is more. Embracing simplicity for a healthy planet, a caring economy and lasting happiness. Gabriola Island (Kanada) 2009.

Paul Auster, Die Erfindung der Einsamkeit. Reinbek bei Hamburg 1993.

Joseph Bernardin, Das Geschenk inneren Friedens. Reflexionen aus der Zeit des Loslassens. München 2001.

Corrie ten Boom, John und Elizabeth Sherrill, Die Zuflucht. Corrie ten Boom erzählt aus ihrem Leben 1892–1945. Wuppertal [25]1972.

Jean-Louis Cianni, Denkpause. Wie mich Seneca aus der Krise holte. Berlin 2008.

Alfred Delp, Aus dem Gefängnis. Gesammelte Schriften IV. Hg. Roman Bleistein. Frankfurt/Main 1984.

Meister Eckhart, Das Buch der göttlichen Tröstung. Übertragung ins Neuhochdeutsche durch Josef Quint. Frankfurt/Main 1987.

Susanne Emerich (Hg.), Hätte ich nicht eine innere Kraft. Leben und Zeugnis des Carl Lampert. Mit Briefen von Carl Lampert und Beiträgen von Walter Buder, Benno Elbs, Richard Gohm, Helga Kohler-Spiegl, Manus Koschig, Veronika Prüller-Jagenteufel, Erna Putz, Ingeborg

Schödl, Manfred Scheuer, Elmar Simma und Reinhold Stecher. Innsbruck ²2012.
Alfred Frenes (Hg.), Spuren eines jungen Lebens – Petra Kuntner. Furth bei Landshut.
Arno Geiger, Der alte König in seinem Exil, München 2011.
Lisa Genova, Mehr als nur ein halbes Leben. Köln ²2011.
Lisa Genova, Mein Leben ohne Gestern. Köln ⁵2010.
Gereon Goldmann, Tödliche Schatten – tröstendes Licht. Ein Franziskaner in Uniform. St. Ottilien ¹⁵2010.
Etty Hillesum, Das denkende Herz. Die Tagebücher von Etty Hillesum. 1941–1943. Reinbek bei Hamburg 2000.
Ninni Holmqvist, Die Entbehrlichen. Frankfurt ²2011.
Johannes XXIII., Geistliches Tagebuch und andere geistliche Schriften. Freiburg/Br. 1965.
Robert Levine, Eine Landkarte der Zeit. Wie Kulturen mit Zeit umgehen. München ¹⁶2011.
C. S. Lewis, Die große Scheidung. Einsiedeln 2008.
Daniel Miller, Der Trost der Dinge. Berlin ³2011.
Christine und Christian Schneider, Himmel und Straßenstaub. Unser Leben als Familie in den Slums von Manila. Gießen ²2011.
Michael Schophaus, Im Himmel warten Bäume auf dich: die Geschichte eines viel zu kurzen Lebens. Zürich ⁴2002.
David Servan-Schreiber, Man sagt sich mehr als einmal Lebewohl. München 2012.
Sheldon Vanauken, Eine harte Gnade. Die Geschichte einer großen Liebe. Gießen/Basel 1980.

Alles **Buch**bar auf **www.tyrolia-verlag.at**

Von der Kunst, neu zu beginnen

Alois Kothgasser / Clemens Sedmak
Geben und Vergeben
2. Auflage, gebunden mit SU
ISBN 978-3-7022-2911-5
168 Seiten

Verletzungen, Brüche, durchkreuzte Lebenspläne können empfänglich machen für Zuwendung, Mitmenschlichkeit und Liebe. In jeder Lebenslage sind Freigebigkeit, Geben, nicht zuletzt auch Vergeben möglich. Gerade der „heilsame" Umgang mit Schuld eröffnet oft neue Formen der Begegnung mit Gott und den Menschen. Ein Lebensprogramm nicht nur für die Fastenzeit.

 **TYROLIA** Alle guten Seiten.

Alles **Buch**bar auf www.tyrolia-verlag.at

Von der Kunst des guten Lebens

Alois Kothgasser / Clemens Sedmak
Quellen des Glücks
gebunden mit SU
ISBN 978-3-7022-3027-2
152 Seiten

Glück als das letzte Ziel, wofür der Mensch lebt und wonach er sich sehnt, hat nur bedingt mit Dingen zu tun, die man kaufen kann. Glück kann man nicht erzeugen oder erwerben. Es stellt sich ein und hat mit der Kunst zu tun, in kleinen Dingen Großes zu sehen. Auch hier gilt: „Weniger ist mehr." Wie können wir uns auf Wesentliches besinnen, Ballast abwerfen, Ängste abbauen und freier werden?

 Alle guten Seiten.